DANIEL SCHMIDT

KIEZ

Kein Roman

Mit Olaf Köhne und Peter Käfferlein

Es könnte alles so einfach sein.
Ist es aber nicht.

Inhalt

Erstmal die Gedanken sortieren …

Bum Bum Bum

Menschen auf der Suche …
Sucht kommt von suchen!

WerWennNichtWir Mahnwache
Die, die den Kiez ausmachen

Das zweite Buch, eine neue Chance!?

Offenbarung, Erkenntnis
Aussöhnung, Gerechtigkeit
Ablass von Schuldgefühlen …
Phönix aus der Asche!
Selbstliebe, die ich verloren habe
Absolute Selbstaufgabe Ukraine Kiew
USA 100 Tage Sportchallenge
Las Vegas

Zurück Corona Revolution

Neuer Kiez, alter Daniel?

1 | Kiez

Am Anfang war der Elbschlosskeller – Hamburger Berg 38, im Herzen von St. Pauli, mitten in Hamburg. Dieser wunderbar liebenswert schräge Ort war und ist seit zwei Generationen der Dreh- und Angelpunkt meiner Familie. Seine Geschichte ist von unserer nicht zu trennen. Wir leben vom Elbschlosskeller und mit ihm. Dabei ist unsere Kneipe längst das, was man weitläufig eine Institution nennt, und sie ist weit über die Stadtgrenzen hinaus bekannt. Unsere oberste Maxime lautet: Jeder Gast ist willkommen, wir schließen niemanden aus. Seit jetzt siebzig Jahren finden im Elbschlosskeller die Heimatlosen und Abgehängten, all diejenigen, die nicht wissen, wo sie hinsollen, ein Zuhause. Hier sitzen Obdachlose neben Millionären, Prostituierte trinken mit Hausfrauen, Touristen schunkeln mit Luden. Und das rund um die Uhr und an jedem Tag im Jahr – stopp, eine Einschränkung muss ich machen: Wenn uns nicht gerade ein Lockdown den Hahn zudreht! So wie im Frühjahr 2020. Um den Keller zum ersten Mal seit seiner Eröffnung 1952 zu schließen, war es aber schon nötig, dass die ganze Welt stillstand.

Der Elbschlosskeller ist so einzigartig und bunt wie unser ganzes Viertel: St. Pauli, unser Kiez, der Kiez. Wer hier lebt, der weiß, worauf er sich einlässt, der will mittendrin sein im prallen Leben, in diesem Mikrokosmos, den es so nirgends sonst gibt. St. Pauli ist eine eigene Welt. Tagsüber geht es hier noch einigermaßen gesittet zu, fast wie in einem ganz normalen Wohnviertel, wenn man die Vielzahl an Sexshops und Pornokinos außen vor lässt und darüber hinwegsieht, dass es an vielen Ecken doch ein bisschen angeschmuddelt ist. Okay, was heißt schon „normal", aber ihr wisst, was ich meine. Es gibt hier ein bürgerliches Leben, mit Kindergärten und Schulen, Supermärkten, Straßencafés, Restaurants und Kirchen. Die unterschiedlichsten Milieus und Szenen existieren auf St. Pauli mit- und nebeneinander und profitieren – bestenfalls – voneinander. Sobald es aber dunkel wird, fängt der Kiez an zu leuchten, dann erwacht das andere St. Pauli, das sündige und verruchte, die Partymeile, dann kommen die Feierwütigen zum Tanzen, Trinken, Ficken.

Ich selbst habe nie auf St. Pauli gewohnt, aber doch mein halbes Leben hier verbracht. Ich kenne fast jeden Pflasterstein und so ziemlich jede Ecke, und mich verbindet unendlich viel mit diesem Viertel, das so viele Gesichter hat. Da ist zuallererst die weltbekannte Reeperbahn mit all ihren Etablissements zu nennen, den Clubs, Shops, Bars, Theatern, Stundenhotels, von Chic bis Schmutz ist alles dabei. Legendär schmutzig war übrigens Der Clochard auf der Reeperbahn, eine Kneipe, dem Elbschlosskeller nicht ganz unähnlich, leider ist der Laden seit der Pandemie geschlossen. Über dem Clochard wohnte mein Freund Jörg, der deutschtürkische Punk. Dann gibt es die berühmte Davidwache, unser Polizeikommissariat, das seinen Namen der Davidstraße verdankt. Hier arbeitete, bis er in Rente ging, Thomas „Tessi" Tessmann und sorgte mit Herz und Courage für Recht und Ordnung auf St. Pauli.

Wenige Meter von der Davidwache entfernt geht es in die Herbertstraße, auch die kennt man in der ganzen Republik. In dieser kleinen Gasse nämlich bietet sich die Crème de la Crème der Hamburger Prostituierten in Schaufenstern den vorbeikommenden Freiern an. Eine von ihnen kenne ich schon seit meiner Kindheit: Manuela Freitag, die dienstälteste Domina Hamburgs, die Grande Dame des Milieus und Freundin meiner Familie.

Dann gibt es das legendäre Dragsloch in der Hein-Hoyer-Straße, sie ist wie der Hamburger Berg eine Seitenstraße der Reeperbahn. Im Dragsloch wohnen bzw. wohnten die geilsten Dragqueens, die ich je kennenlernen durfte. Zum Beispiel Veuve Noire und Barbie Stupid, aber auch Eve Champagne, sie allerdings ist keine Drag, sondern Deutschlands beste Burlesque-Künstlerin.

Geografisch gesehen sind es nur wenige Straßen und Plätze, aus denen unser Viertel besteht. Sie erzählen Geschichten auch von denen, die dieses Viertel prägten, aber längst gestorben sind, von den Luden und Gangstern, die noch einen Ehrenkodex hatten. Typen wie der Schöne Klaus, der in den Siebzigerjahren mit seinem Lamborghini über die Reeperbahn kurvte, fünfzehn Frauen für sich anschaffen ließ und einer der Mitbegründer der sogenannten „Nutella-Bande“ war, einer Ludenorganisation. Heute hängt er regelmäßig im Elbschlosskeller ab und sorgt im betrunkenen Zustand gerne mal für einen Skandal. Auch mein Vater, Lothar Schmidt, zählte, wenn er auch kein Lude war, zu den echten Urgesteinen auf dem Kiez. „Wodka-Lothar“, so nannte man ihn. Er war es, der den Elbschlosskeller zu der Partyhölle machte, die er heute ist. Mein Vater war eine der Legenden, von denen viele der Alteingesessenen heute noch mit leuchtenden Augen erzählen.

Alle diese Geschichten des vergangenen St. Pauli kennt kaum jemand besser als Michel Ruge, Schriftsteller, Künstler, Bonvivant, St. Paulianer von Geburt an. Er ist im Viertel aufgewachsen und lädt seit einigen Jahren die spannendsten Typen des Milieus in sein Treppencafé ein. Dort interviewt er sie oder hängt einfach nur mit ihnen bei einem Kaffee ab. Bei diesem „Café“ handelt es sich um kein öffentliches Lokal, es sind die Treppenstufen, die zu Michels Haus führen.

Tessi, Manu, Jörg, Veuve, Barbie, Eve, Michel und all die anderen, die ihr in diesem Buch kennenlernen werdet, sie *sind* der Kiez, ganz besondere Charaktere, ohne die St. Pauli nicht funktionieren würde – und ohne die ich nicht hätte funktionieren können. Sie sind Helden, denen ich ein kleines Denkmal setzen möchte. Für mich selbst hat sich der Kiez im Laufe meines Lebens gewandelt, aus meiner jugendlichen Faszination für die Unterwelt und ihre gesetzlosen Gesellen wurde, je älter ich wurde, ein großer Respekt vor Menschen, die Toleranz nicht nur predigen, sondern leben, vor den Freigeistern der Szene. So wie Mausi einer war, ein ehemaliger Schließer in einer JVA, der in seiner Freizeit in Frauenklamotten, mit Schminke und Perücke über den Kiez stöckelte. Das war seine Freiheit. Ich denke auch an Inge und Jackie, die seit Jahren am Hamburger Berg auf der Straße leben. Das ist ihre Form von Freiheit. St. Pauli ist ein Sammelbecken von Andersdenkenden, egal aus welcher Ecke sie kommen und von welcher Gesinnung sie sind.

Das alles mag ich immer noch, dennoch bedeutet der Kiez für mich heute vor allem Zusammenhalt und Familie.

In Zeiten der Krise sind wir zusammengerückt und passten aufeinander auf. Das war gar nicht so selbstverständlich, denn natürlich gibt es Konkurrenz, Neid und Argwohn, es ist nicht alles nur heiter und harmonisch. Der Kiez ist auch ein hartes Pflaster. Und dennoch, als es darauf ankam, hat man zusammengehalten, wie ich es noch nie zuvor erlebt habe und, ehrlich gesagt, wie ich es mir in meinen kühnsten Träumen nicht erhofft hätte.

Das St. Pauli, wie es mein Vater noch aus seinen Hoch-Zeiten kannte und mitprägte, ist schon lange nicht mehr das St. Pauli von heute. Leider, muss man sagen. Das Publikum hat sich komplett verändert, nicht von heute auf morgen, es war ein schleichender Prozess. Viele der Alteingesessenen, der Kiezianer, sind weggestorben oder sie wurden vertrieben. Gentrifizierung heißt das böse Wort. Alles wird teurer, und diejenigen, die nicht so viel zum Leben haben, müssen raus aus ihren Wohnungen.

Auch Jörg, den Punk, warf man aus seiner Bleibe über dem schon erwähnten Clochard. Aber dieser wunderbare Provokateur hat schon so einiges über sich ergehen lassen, und ich bin mir sicher, er wird sich nicht unterkriegen lassen. Auch vielen Kneipenwirten auf St. Pauli steht das Wasser bis zum Hals. Die Pandemie hat das Kneipensterben beschleunigt, begonnen hat es viel früher. Das Hauptproblem besteht im Ballermanntourismus. Heißt konkret: Immer mehr Menschen feiern zwar auf dem Kiez, lassen ihr Geld aber nicht bei den Wirten und Gastronomen. Möglich wurde das durch den inflationären Zuwachs an Kiosken im Viertel. Inzwischen findet man an die sechzig Kioske auf der Reeperbahn und in den Seitenstraßen. Manche Kioskbesitzer betreiben ihren Laden schon seit zwanzig, dreißig Jahren. Sie gehören dazu, die brauchen wir auch, aber wenn aus der Reeperbahn irgendwann eine Kioskmeile wird, läuft etwas falsch, dann geht der Flair verloren. Kauft im Kiosk eure Zigaretten, eure Kaugummis und euren Softdrink, aber trinkt das Bier bitte in einer Kneipe – sonst gibt es uns bald nicht mehr. Die Touris aber besorgen sich immer häufiger den billigen Alkohol in den Kiosken, betrinken sich auf der Straße und gehen anschließend nur zum Tanzen und Feiern in die Bars und Clubs, ohne dort etwas zu verzehren. „Cornern" nennt man das. Viele Lokale haben dadurch richtig zu kämpfen, und manchen, denen es ohnehin schon schlecht ging, brach dann die Pandemie final das Genick.

Das alles und noch viel mehr ist St. Pauli. Ich werde euch in meine Welt mitnehmen, werde euch die Orte zeigen, die meine Geschichte auf dem Kiez erzählen. Und ich werde euch einige Menschen vorstellen, die den Mikrokosmos St. Pauli ausmachen, die sein Herz und seine Seele sind. Die liebenswert Verrückten, Verruchten, Chaotischen und Bekloppten.

Und ja, ich bin einer von ihnen.

2 | Vater, Partner, Wirt

Wer mich bislang noch nicht kannte (es soll ja die einen oder anderen geben), der lernt mich jetzt kennen. Ich merke, das hört sich nach einer Drohung an, soll es aber nicht, ganz im Gegenteil. Denn nicht jeder von euch hat mein erstes Buch gelesen, das die Geschichte des Elbschlosskellers und seiner Gäste erzählte, ebenso wie meine eigene und die meiner Familie. Seitdem aber ist richtig viel passiert in meinem Leben. Wenn es etwas nie gab, dann Langeweile. Wer mich nur ein bisschen kennt, der weiß: Stillstand ist nicht so mein Ding.

Erinnert ihr euch? Die berühmte „8" meines Lebens, von der ich in meinem ersten Buch berichtete? Diese „8" steht für das Auf und Ab in meinem Leben. Erst geht es rasant nach oben, dann abrupt nach unten, und alles wieder zurück auf Anfang. Der größten Euphorie folgt jedes Mal ein richtig schlimmer Absturz. So war es mein ganzes Leben lang, so war ich immer. Und egal was ich tat, aus diesem Kreis kam ich seit meiner Jugend einfach nicht heraus. Immer musste alles extrem sein, nie gab es eine längere Phase an Stabilität und Verlässlichkeit. Vor drei Jahren aber hatte ich kurzzeitig das Gefühl, so, jetzt hab ich's geschafft, das passiert mir nie wieder. Leider war das ein Trugschluss. Denn es kam dann alles noch schlimmer, als ich es jemals zuvor erlebt hatte. Zu akzeptieren, dass diese „8" einfach in mir begründet liegt, war ein langer und schmerzlicher Prozess, der mich zweimal in Entgiftungskliniken brachte und mich beschließen ließ, Deutschland für neunzig Tage zu verlassen, einfach nur um wieder ich selbst zu werden. Und dann, nachdem ich wieder zurück war, verlor ich einen der wichtigsten Menschen in meinem Leben.

Aber langsam, eins nach dem anderen, ich wollte euch erzählen, wer ich eigentlich bin.

Ich heiße Daniel Schmidt, Jahrgang 84, mit Leib und Seele Wirt, aber noch lieber ist mir die Vaterrolle. Meine Lebenspartnerin Susanna und ich sind Eltern eines zehnjährigen Sohnes namens Lennox. Der kleine Kerl ist eine Wucht, wenn auch gerade in einem etwas schwierigen Alter, aber er schafft es immer, mir ein Lächeln ins Gesicht zu zaubern. Mit Susanna, Lennox' Mutter, bin ich seit zwölf Jahren zusammen. Sie ist wie ich eine echte Kiezgöre und kennt das Gastronomiegeschäft von der Pike auf. Gemeinsam betreiben wir neben dem Elbschlosskeller noch einige andere Kneipen, wie die Meuterei und das Bayernstüberl und das Zum Motherfucker, das früher Gerhards hieß und nicht mehr so richtig in Schwung kam. Aber seitdem wir den Laden umgetauft haben (und uns hielten einige für völlig bekloppt: „Motherfucker"? Ernsthaft?), rennen uns die Leute – vor allem männliche Touris, die aus der Herbertstraße kommen und als Erstes das Wort „Motherfucker" lesen – die Bude ein. Die Zeiten sind hart, ich sagte es schon, und je mehr in den vergangenen Jahren unser kleines Kiez-Imperium anwuchs, umso größer wurde auch die Verantwortung, die auf unseren Schultern lastet. Die komplette Logistik und Orga, Mieten, Wareneinkauf, die Gehälter für die Angestellten, das ist ein Riesenkostenapparat. Und als wir wegen der Pandemie schließen mussten, war das keine einfache Sache. Ich erlebe es tagtäglich bei vielen anderen in unserem Umfeld, wie schwierig es ist, neben dem Job das Familienleben nicht zu vernachlässigen. Das hat mich tatsächlich lange Zeit sehr mitgenommen, wenn ich merkte, ich kam an meine Grenzen. Susanna und ich reißen uns wirklich den Arsch auf, um unser Leben gewuppt zu bekommen, die Läden am Laufen zu halten und gleichzeitig unserem Sohn gute Eltern zu sein. Ich will nicht einer dieser Väter sein, die nur das Geld nach Hause bringen und sich ansonsten verdrücken. Ich will ein Vater sein, der sich Zeit nimmt und einfach da ist. Weil ich selbst nicht so aufgewachsen bin.

Meine Eltern – der berühmte „Wodka-Lothar" und meine Mutter Katja, die Tochter eines Bäckermeisters – lernten sich Anfang der Achtzigerjahre im Elbschlosskeller kennen. Wo sonst?! Meine Mutter war gerade Anfang zwanzig, blutjung, bildhübsch, mein Vater ein gestandenes Mannsbild, mit über vierzig Jahren wesentlich älter und erfahrener und schon längst der Zampano des Kellers. Die Geschichte, wie die beiden zusammenkamen, ist schnell erzählt: Meine Mutter wurde von ihrer Mutter, meiner Oma, gelegentlich zum Hamburger Berg geschickt, um ihren Vater aus dem Elbschlosskeller zu holen, wenn er dort mal wieder versackt war. Bei einer dieser Gelegenheiten trafen sich die Blicke meiner Eltern. Und da war es auch schon um die beiden geschehen. Meine Mutter war fasziniert von dieser Erscheinung von Mann, mein Vater war hin und weg von ihrer Schönheit. Sie wurden ein Paar, heirateten bald schon, bekamen zwei Kinder, meine jüngere Schwester Jana-Joy und mich. So weit, so gut. Dazu gibt es eine schöne Anekdote, die ich gerne wiedergebe (meine Mutter hört sie nicht so gerne): Dass ich ein Kind des Elbschlosskellers bin, ist wörtlich gemeint. Denn es heißt, ich sei im Keller hinterm Tresen gezeugt worden. Ob das stimmt, da scheiden sich die Geister.

Groß geworden bin ich in einer Welt fernab von Kiez und Kneipen, nämlich in Sasel, einer eher gutbürgerlichen und gut situierten Gegend am Rande Hamburgs, wo ich die ersten Jahre eine sehr liebevolle und behütete Kindheit erfuhr. Meine Schwester und ich waren ein Herz und eine Seele. Bis es eines Nachts zu einer – ich würde sagen traumatischen – Erfahrung kam, die meine Schwester und mich komplett aus der Bahn warf. Bis dahin aber habe ich nur schöne Erinnerungen an die Zeit in Sasel. Unsere Kindheit war allerdings ganz schön abgefahren. Unser Vater verdiente mit dem Keller mehr Geld als jeder Studierte, als jeder Arzt oder Anwalt aus unserer Nachbarschaft. Die meisten meiner Mitschüler waren Kinder aus Akademikerfamilien. Mein Vater war zwar „nur" Wirt, sah aber aus und trat auf wie ein Lude aus dem Bilderbuch. Immer mit Porschebrille auf der Nase und dicker Goldrolex oder -wempe am Handgelenk, die Haare im Vokuhila-Look, dazu trug er Fliegerjacke und Boxerschuhe und fuhr eine fette Limousine. In seinen besten Zeiten verdiente er bombastische Gelder im Elbschlosskeller, aber er war auch sehr großzügig und ließ alle anderen daran teilhaben, wenn es ihm gut ging. Das gehörte zu seinem guten Ton auf dem Kiez. Manchmal machte er sich einen Joke mit den Taxifahrern, dann ließ er sich einen Wagen zum Elbschlosskeller rufen. Wenn das Taxi vorfuhr, stieg er ein und sagte: „Einmal zum Goldenen Handschuh, bitte." Dazu muss man wissen, von unserer Kneipe zum

Handschuh sind es mal gerade zwanzig Meter über die Straße rüber. Der Fahrer guckte meinen Vater ungläubig an und dachte: Will der Typ mich verarschen? Ja, das wollte mein Vater, stieg beim Handschuh aus, drückte dem Fahrer lachend 20 Mark oder mehr in die Hand und war zufrieden mit seinem Witz. So war mein Vater.

Und meine Mutter, wie gesagt: jung, zart, schön. Da war allen, die die beiden zusammen sahen, sofort klar: Er ist Zuhälter und sie seine Ex-Prostituierte. Genauso dachte die Nachbarschaft über uns, ebenso meine Lehrer, meine Mitschüler und deren Eltern. Aus diesem Grund war ich ein Außenseiter, von Anfang an, dabei wollte ich immer nur eins: dazugehören. Nur ließ man mich nicht, weshalb ich ein rebellisches Kind wurde, das es seiner Umwelt nicht leicht machte.

Meine Eltern hatten eine Arbeitsteilung, die darin bestand, dass mein Vater regelmäßig auf den Kiez fuhr, um Geld zu verdienen, während meine Mutter zu Hause blieb und sich um uns Kinder kümmerte. Heute würde man sagen: Das war eine komplett altbackene Rollenverteilung. Meine Mutter erledigte ihre Aufgabe mit großer Hingabe und blühte in der Mutterrolle auf. Sie bombte uns voll mit ihrer Liebe, und ich bin mir sicher, nur weil ich so viel Liebe von ihr erfuhr, kann ich heute so viel davon weitergeben. Das ist meine feste Überzeugung. Ich weiß, wie man Liebe empfängt, ich weiß, wie sie aussieht, wie sie sich anfühlt, ich weiß, wie man sie weitergibt. Tatsächlich ist Liebe – und das ist jetzt nicht nur so ein Klugscheißerspruch – das Einzige, was sich von alleine mehrt und nicht weniger wird, wenn du es weitergibst, das ansteckt und sich mit Geld niemals kaufen lässt.

Die traumatische Erfahrung, die damals alles änderte – heute würde ich so weit gehen zu sagen, sie beendete unsere Kindheit –, machten meine kleine Schwester und ich eines Nachts, als wir, wie es gelegentlich der Fall war, mit unseren Eltern ein paar Tage auf einem Campingplatz verbrachten. Ich war zwölf, meine Schwester acht Jahre alt. In der Ehe unserer Eltern musste es schon länger gekriselt haben. In dieser Nacht wurde ich plötzlich wach wie in einem schlechten Traum, weil sich unsere Eltern laut stritten. Ich öffnete meine Augen, stand auf und taumelte zum Durchgang zwischen Wohnwagen und Zelt. Dann öffnete ich die Tür. Was ich aber jetzt beobachten musste, war eine Auseinandersetzung, wie ich sie bis dahin noch nicht erlebt hatte. Meine Eltern waren beide ziemlich angetrunken, brüllten sich ins Gesicht, dann eskalierte es und mein Vater schlug meiner Mutter mit der Faust ins Gesicht. Heute noch sehe ich diese Szene wie aus einem Tarantino-Film vor mir, als wäre sie erst letzte Nacht geschehen: In Zeitlupe fliegen Zähne in einem Blut-Speichel-Splash durch die Luft …

Im nächsten Moment nahm ich wahr, dass auf einmal meine kleine Schwester neben mir stand. Weil ich selbst wie in einem Tunnel war, hatte ich nicht mitbekommen, dass auch sie wachgeworden und aufgestanden war. Jetzt hielt ich sie am Arm fest. Mir war klar, dass auch sie die Auseinandersetzung mitbekommen haben musste. Meine Mutter lief nach draußen, setzte sich in den Wagen und gab Vollgas. Mein Vater folgte ihr, schmiss sich quer vors Auto, sie machte eine Vollbremsung. Danach erinnere ich mich nur noch an Schreien, Weinen, ein Zerren aneinander, schließlich fuhr meine Mutter fort.

Nach dieser Nacht ging die Ehe meiner Eltern schon bald in die Brüche. Es gab noch ein paar Versuche, die Beziehung zu kitten, allein wegen uns Kindern gaben sie sich Mühe, aber schließlich trennten sie sich. Meine Schwester und ich blieben bei meiner Mutter. Mein Vater wurde mehr und mehr zu einer Randfigur. Für Jana-Joy und mich war in dieser Nacht aber viel mehr kaputtgegangen. Unsere Kinderseelen waren beschädigt worden und sie wurden nie wieder ganz heil. Das Traurige war, dass wir uns als Geschwister von dem Tag an entfremdeten und nie mehr in der Lage waren, darüber zu sprechen, was wir erlebt hatten. Es dauerte Jahre, bis Jana-Joy und ich dann doch wieder zueinanderfanden. Da waren wir beide erwachsen, und es war zu spät, wie ich heute weiß. Meine Schwester wurde schon in jungen Jahren psychisch krank, hatte eine bipolare Störung. Sie durchlitt immer wieder schwere Phasen, in denen sie für niemanden von uns erreichbar war. Viele Male stand sie am Abgrund, war am Rande des Aufgebens, wollte nicht mehr leben, dann plötzlich war sie zurück, wieder oben auf ihrer „8“, und irgendwie ging es weiter. Das hofften wir alle. Schließlich fiel sie in ein Tief, aus dem sie es nicht wieder herausschaffte. Sie nahm sich mit einem Cocktail aus Tabletten und Alkohol das Leben. Als man sie fand, atmete sie zwar noch und man brachte sie ins Krankenhaus, dort aber starb sie. Und zwar in derselben Klinik, in der nur wenige Tage später mein Sohn geboren wurde. Was für ein abgefahrener Lebenszyklus, denke ich seitdem, die eine verlässt diese Erde, der andere kommt neu hinzu, innerhalb von wenigen Tagen. Am 5. 8. ist meine Schwester gestorben – am 12. 8. hätte sie Geburtstag gehabt –, am 15. 8., also zehn Tage darauf, kam Lennox zur Welt.

Meine Jugend war alles andere als geradlinig. Mit vierzehn fing ich an, extrem intensiv Bodybuilding zu betreiben, ich schmiss Unmengen an Steroiden ein, was eine wirklich dumme Entscheidung war, von der ich nur abraten kann. Bald schon machte ich auch meine ersten Drogenerfahrungen mit Marihuana. In meinem ersten Buch beschreibe ich diese heftige Zeit ungeschönt und ausführlich. Es passierten Dinge, die damals ihren Anfang nahmen und erst vor Kurzem eine Fortsetzung fanden. Mit achtzehn Jahren zum Beispiel ging ich für ein Jahr nach Amerika, ich lebte bei einer Gastfamilie und machte dort meinen Highschoolabschluss. Das Auslandsjahr war die Idee meiner Mutter, die darin den besten Weg sah, mich vor mir selbst zu schützen. Sie hatte ihr Leben lang mit psychischen Problemen zu kämpfen. Zum Glück war sie selbstreflektiert genug, um zu erkennen, dass sie mich nicht jedes Mal würde retten können – auch wenn sie ihr Bestes gab –, während ich drauf und dran war abzudriften. Auf die schiefe Bahn zu geraten – das klingt so klischeehaft, aber im Grunde war es so. „Du musst hier weg", sagte meine Mutter, „du brauchst andere Menschen, ein neues Umfeld, einen Kompass im Leben." Ich hatte nicht das Gefühl, ich würde weggeschickt oder abgeschoben. Ich hatte eine Riesenlust auf das Abenteuer Amerika.

Als ich ein Jahr später wieder zurück in Deutschland war, fing ich an, im Elbschlosskeller an der Bar zu arbeiten. Mein beruflicher Einstieg auf dem Kiez war gemacht. Mit meinem Vater hatte es zwar keine wirkliche Annäherung, aber doch so etwas wie eine Normalisierung gegeben, was uns allen guttat. Bevor ich mich endgültig dafür entschied, in die Fußstapfen meines Vaters zu treten, nahm ich noch eine Abzweigung, für die meine Schwester verantwortlich war. Kurz vor ihrem Tod kam sie eines Tages in den Elbschlosskeller und hockte sich zu mir an den Tresen. „Du geldgeiler Sack, du bist so blöde, dass du hier in dem Laden deine Zeit vergeudest“, blaffte sie mich wie aus dem Nichts an. „In diesem Laden, der alles in unserer Familie zerstört hat.“ Genau das waren ihre Worte. „Wenn ich ein Kerl wäre, wenn ich Eier hätte, dann würde ich etwas ganz anderes machen. Ich würde Zimmermann lernen.“ Ich wusste gar nicht, wie ich auf diese verbale Attacke reagieren sollte, und ließ ihre Aussage im Raum stehen.

Als Jana-Joy gestorben war, stürzte ich in ein Loch. Ich wollte nur noch vergessen und trank Unmengen Alkohol. Wie ich es in diesem Zustand überhaupt schaffte, an der Theke zu arbeiten, ist mir selbst ein Rätsel. So ging es einige Wochen lang. Irgendwann, in einem klaren Moment, erinnerte ich mich daran, was Jana-Joy zu mir gesagt hatte. Und ich merkte, wenn ich jetzt so weitermache, gehe ich zugrunde. Dann ende ich wie sie, und das hätte sie niemals gewollt. Ich beschloss, das zu tun, was sie gesagt hatte, hörte auf zu trinken, nahm allen Mut zusammen und sah mich nach einer Lehre zum Zimmermann um. Immerhin war ich schon Mitte zwanzig und damit wesentlich älter als andere Bewerber. Über Kontakte bekam ich die Nummer eines Betriebs, bei dem ich mein Glück versuchen wollte. Ich rief an, bekam den Meister an den Apparat und sabbelte einfach drauflos. Sabbeln konnte ich schon immer gut. „Wenn du so arbeitest, wie du redest, kannst du bei uns anfangen“, sagte er. Den Job zu bekommen, war also einfach gewesen, die ersten Wochen in der Lehre waren alles andere als leicht.

Die anderen im Betrieb sagten sich: So ein Typ, muskulös, tätowiert und mit einem Selbstbewusstsein bis sonst wo, der muss mal lernen, sich unterzuordnen. Und so ließ man mich im ersten Monat Erdhaufen von links nach rechts schaufeln und die abartigsten Arbeiten erledigen. Ich kniff die Arschbacken zusammen und zog es durch, weil ich es wirklich wollte, und schloss die Lehre nach zweieinhalb Jahren mit Bestnoten ab. Anschließend ging ich sofort wieder zurück auf den Kiez und arbeitete wieder im Elbschlosskeller. Ich hatte nie vorgehabt, den Rest meines Lebens als Zimmermann zu arbeiten. Ich hatte beweisen wollen, dass ich mehr draufhatte – mir und meiner toten Schwester.

Mit 26 Jahren übernahm ich den Elbschlosskeller als Wirt. Offiziell und per Vertrag war meine Mutter die Pächterin des Ladens. Nach außen hin war mein Vater der Chef. Diese Arbeitsteilung war zwischen den beiden eingespielt und hatte über Jahre mehr schlecht als recht funktioniert. Als es zum endgültigen Bruch zwischen ihnen kam, endete auch ihre Arbeitsbeziehung. Meine Mutter warf meinen Vater raus. Weil er sich jedoch weigerte, den Keller aufzugeben, wurde er von der Polizei abgeführt. Was im Nachhinein sicherlich keine gute Idee war. Mein Vater war ein stolzer Mann und diesen unwürdigen Abgang hat er nie verwunden. Weil ich damals zu meiner Mutter hielt, nahm er mich in Sippenhaft. Von diesem Tag an war unsere ohnehin schwierige Vater-Sohn-Beziehung zerbrochen. Und das ist für mich wie eine offene Wunde, die nur schwer heilen kann.

3 | Station No. 1: Der Elbschlosskeller und Dirk, der Zuhörer

Wo sonst sollte ich auf der Landkarte meines Lebens starten als im Elbschlosskeller, wo drei Stufen in eine Welt hinunterführen, wie es sie sonst nirgendwo gibt. Der Elbschlosskeller wurde in der Presse oft als die härteste Kneipe Deutschlands beschrieben, auch als die gefährlichste. Ja, es geht bei uns hart zu, es kann auch gefährlich werden und es gab hier zahlreiche Polizeieinsätze, aber für mich ist und bleibt der Keller die sozialste Kneipe der Welt. Und das ist sie aufgrund der Menschen, die ihr ein Gesicht geben. So wie es mein Vater tat und so wie ich es als Wirt versuche, jedem, der eintritt, unvoreingenommen und respektvoll gegenüberzutreten, egal ob es der Obdachlose von nebenan ist oder der Unternehmer aus Blankenese.

Wenn es jemand geschafft hat, auf dem Kiez als ein Urgestein zu gelten, und von denen gibt es einige unter unseren Keller-Gästen, erkennt man das oftmals daran, dass er oder sie sich auch einen Spitznamen verdient hat. Die meisten dieser Namen sprechen für sich.

Mein Vater, „Wodka-Lothar“, trank zu seinen besten Zeiten pro Schicht mindestens eine Flasche Wodka. Dazu muss man wissen, er arbeitete in der Regel drei Schichten à zwölf Stunden am Stück, macht also drei Liter Wodka, die er konsumierte und dabei den Laden schmiss, als wäre er nüchtern. Er trank manchmal auch Skinny Bitch, also Wodka-Soda. Den massiven Alkoholkonsum merkte man meinem Vater auch nicht an, wenn er nach seinen Schichten zu uns nach Hause kam, den roch man dann eher.

„Rum-Carlo", Markenzeichen schwülstige Lippe, ernährte sich nicht nur vierzig Jahre lang von Rum, er sah auch aus wie ein Rumfass. Eines Tages saß er neben seiner Frau an der Theke im Elbschlosskeller, während sie die ganze Zeit auf ihn einredete und an ihm herumnörgelte. Er guckte wie in einer Trance starr geradeaus und hielt sich an seinem Rumglas fest. Dann nahm er einen letzten tiefen Schluck, stellte sich auf und stach seiner Frau mit einem Kartoffelschälmesser, das er in der Tasche mit sich trug, seitlich in den Hals. Sie überlebte, er kam in den Knast. Sein erster Gang nach dem Gefängnis führte ihn … in den Elbschlosskeller.

„Korn-Erna" trank ausschließlich was? Korn! Sie wurde über achtzig Jahre alt, war am Ende ganz klapprig und trug eine Augenklappe, saß betrunken hinten links in der Ecke des Elbschlosskellers, manchmal 48 Stunden lang. Erna grinste alle niedlich-freundlich an und musste nie bezahlen, weil sich immer jemand fand, der ihr einen Korn ausgab, den sie sich im Kognakschwenker servieren ließ.

„Mörder-Mike" saß 21 Jahre im Gefängnis, weil er zwei Leuten den Hals umgedreht hatte (wortwörtlich). Nach seiner Haftentlassung wurde er Stammgast im Keller und ist es bis heute. Er hat immer ein wachsames Auge auf die anderen Gäste, vor allem auf die Bedürftigen: Wenn zum Beispiel einem beim Aufstehen die Hose runterrutscht und der das nicht merkt, weil er zu betrunken ist, läuft „Mörder-Mike“ zu ihm hin und zieht sie ihm wieder hoch. In solchen Momenten zeigt sich trotz allem sein gutes Herz. Manchmal komme ich in den Elbschlosskeller und sehe „Mörder-Mike“ mit zehn Touristen am Tresen sitzen. Dann kann es vorkommen, dass er durch den ganzen Laden brüllt: „Hey, Daniel, ich hab grad ne geile Fotze geleckt.“ Schweigen! Und dann setzt er noch einen drauf: „Und zwei geile Schwänze habe ich auch geblasen.“ Schockstarre bei den Touris! Im Knast nämlich hatte „Mörder-Mike“ festgestellt, dass er nicht nur auf Frauen, sondern auch auf Kerle steht.

„Dirty Uwe“ hieß einer unserer langjährigen Mitarbeiter. Über zehn Jahre lang trank er pro Schicht zwei Kästen von einem Lakritzlikör namens Dirty Harry. Dabei gab es ein Spiel: Man klopfte den Kronkorken auf, und wer es schaffte, den Mülleimer zu treffen, musste die nächste Runde nicht bezahlen.

„Flitze-Muschi“ wurde so genannt, weil sie von den dreißig Jahren, die Bernd im Keller an der Bar arbeitete, mehr als zwei Jahrzehnte lang ein Fickverhältnis mit ihm hatte. Wenn er sie im Partyrausch zum Vögeln aufforderte, brüllte er laut „Flitze-Muschi“ durch den Laden, dann flitzten beide hinten ins Büro. Bernds Leben endete tragisch. Er hatte immer wieder Aussetzer, fiel einfach um, wir alle machten uns Sorgen. Irgendwann ging es nicht mehr und er musste aufhören zu arbeiten. Er starb an Zungenkrebs.

Und dann fällt mir noch „Halbe Lunge“ ein, ein altgedienter, ehemaliger Kapitän zur See. Er ist zwar kein Stammgast im Keller, aber er ist wichtig auf dem Kiez, weil er uns bei der Hilfsaktion für die Obdachlosen während des Coronalockdowns sehr unterstützte. Seinen Namen bekam er, weil er beim Fußballspielen wegen seiner schlechten Kondition immer keuchte und hechelte.

Eine der tragenden Säulen im Elbschlosskeller ist unser Mitarbeiter Dirk Ladwig, ein Original, wenn auch ohne Spitznamen. Verdient hätte er jedenfalls einen. Dirk hat immer ein offenes Ohr für andere, reicht dem anderen eine Hand. Er nimmt die Menschen an, egal wie sie sind oder wie sie drauf sind. Und wenn er mal nicht weiß, wo ihm selbst der Kopf steht, spürt man ihm das nicht an. Dirk ist noch ganz alte Schule, in ihm setzt sich in gewisser Weise die Ära meines Vaters im Keller fort, weil er schon so lange dabei ist. Dirk kam nach Hamburg, als er gerade aus dem Knast entlassen worden war. Er wusste nicht, wohin, da wurde der Elbschlosskeller zu seinem Anker. Mein Vater ließ ihn die Adresse des Kellers benutzen, damit ihm seine Post zugestellt werden konnte. Als Dirk im Keller anfing, war seine schwierige Heroinzeit noch nicht lange vorbei und es kam immer wieder zu Ausfällen. Mein Vater war dann irgendwann weg, Dirk ist bis heute geblieben.

Wie viele andere auf dem Kiez gehört Dirk zu denen, die es im Leben nicht immer leicht hatten, die auch vieles, was schieflief, selbst verschuldet hatten, aber er hat noch mal die Kurve bekommen. Dirk ist beispielhaft dafür, dass man es schaffen kann, wenn man sich nicht aufgibt. Er war früher schwer heroinabhängig, lernte trotzdem zwei Berufe, Elektriker und Tischler. Dirk ist ein Typ, der überall mitanpackt, wo es nötig ist. Im Elbschlosskeller arbeitet er fünf Tage in der Woche, und ich übertreibe nicht, wenn ich sage, fünf Tage hier sind wie acht Arbeitstage in anderen Jobs.

Während der Coronazeit wurde er obdachlos und lebte eine Weile lang im Elbschlosskeller. Wie schon einige vor ihm und auch nach ihm.

Unsere „Langzeitbewohnerin“ Angie fand nach fast zwölf Jahren, die sie im Elbschlosskeller wohnte, eine eigene Bleibe. Sie schaffte den Absprung, bekam einen Job bei einer Zeitarbeitsfirma. Die Stille in ihren vier Wänden fiel Angie anfangs schwer. Sie war daran gewöhnt, Trubel, Krach und Helligkeit um sich zu haben, und musste wieder lernen, mit sich allein zu sein. Angie ist eine echte Erfolgsgeschichte.

Dann gab es diesen blonden Typen, der im Keller lebte. Mit ihm habe ich vor drei Tagen geschrieben, er macht jetzt eine Lehre und hat sein Leben gut in den Griff bekommen. Auch Dani, eine alte Dame, die bei uns wohnte, hat jetzt ein Zimmer in Althamburg, bezahlt von der Kirche. Sie klagt zwar ein bisschen, dass ihr ein eigenes Bad fehlt, aber sie hat jetzt zumindest einen Rückzugsort für sich, was im Keller, wo sie im Hinterzimmer auf der Couch schlief, nicht der Fall war. Sie war schon lange nicht mehr bei uns, vielleicht möchte sie nicht an die Zeit der Obdachlosigkeit erinnert werden. Ich verstehe das. Manchmal sehe ich sie tagsüber über den Kiez bummeln, mit einem Bollerwagen, in dem sie ihre Einkäufe nach Hause zieht, dann halten wir kurz ein Klönchen.

Zurück zu Dirk. Als der Elbschlosskeller im Lockdown schließen musste, konnten wir zwei Fliegen mit einer Klappe schlagen: Dirk musste nicht auf der Straße schlafen und wir wussten den Keller in guten Händen. Dirk nahm für uns die Post an, beantwortete das Telefon, das während des Lockdowns rund um die Uhr klingelte. Die einen wollten wissen, wie sie helfen konnten, die anderen, wann sie sich endlich wieder im Keller betrinken könnten.

Bei Dirk und uns – damit meine ich Susanna und mich – handelt es sich um so was wie eine On-off-Beziehung, mal hat er gekündigt, mal wollten wir ihn rausschmeißen, weil wir uns verkracht hatten. Richtig massiv mit Polizeieinsatz. Letztlich rauften wir uns wieder zusammen, denn er gehört einfach dazu. Dirk ist Familie, er ist Kiez, er ist Platte, er ist Junkie, er ist Herzmensch, er ist Paulianer.

Dirk Ladwig, 58 Jahre alt

Barmann im Elbschlosskeller

„Bin ich ein bisschen der Beichtvater? Manchmal schon."

Ich bin vom platten Land, komme aus einem kleinen Dorf im Flensburger Raum. Viel war da nicht los, von meiner Kindheit kann ich nichts Aufregendes berichten. Es war okay, mir ging es gut zu Hause. Nach der Schule habe ich erst mal Elektriker gelernt, das lag mir. Anschließend bin ich zum Bund. Da lief es auch noch einigermaßen für mich, nach dem Bund habe ich zum ersten Mal Scheiße gebaut. Wir haben Mietautos unterschlagen, ein paar Bekannte und ich, und sie nach Dänemark verkauft. Wir haben uns nicht besonders geschickt angestellt und wurden erwischt. So landete ich das erste Mal im Knast. Dreieinhalb Jahre saß ich ein, oben im Norden. Als ich rauskam, tingelte ich eine Weile durch Deutschland und bin rüber nach Frankreich. Ich war frei und ungebunden, ohne festen Wohnsitz, dieses Leben gefiel mir. Irgendwann landete ich in Kassel, wo ich eine längere Beziehung hatte. Wir bekamen einen Sohn. Der ist mittlerweile schon 25. Familie und Sohn hielten mich davon ab, wieder Mist zu bauen. Lange ging es dennoch nicht gut.

Dieses Mal fing ich an, mit Drogen zu handeln, ich dealte mit allem, was man bekommen und verkaufen konnte. Ich konsumierte selbst auch maßlos. Das härteste Zeug habe ich mir eingeworfen, Heroin, Kokain, MDMA, Benzos – Benzos, damit ich schlafen und morgens entzugsfrei aufstehen konnte. War eine schlimme Phase, ich wäre fast kaputtgegangen. Vielleicht war es meine Rettung, dass ich wieder erwischt wurde; was heißt „erwischt", ich wurde verraten, aber das ist eine andere Geschichte. Mir drohten fünf Jahre Knast wegen der Dealerei, am

Ende wurden es „nur" drei, von denen ich die erste Zeit in der JVA Kassel absaß. Später verlegte man mich nach Hünfeld. Mit 500 anderen Häftlingen war ich Teil eines Modellversuchs. Hünfeld war der erste teilprivatisierte Knast. Verwaltung, Versorgung, Küche, Einkauf, Überwachung – alles wurde privat organisiert, sollte billiger und effektiver sein, hieß es. Ich bekam eine Zelle mit Nassraumzelle, Toilette kombiniert mit Dusche. Im Knast begann ich eine Therapie, um von den Drogen loszukommen. Hätte ich selbst kaum für möglich gehalten, dass ich durchhalte, aber im Knast wurde ich clean. Der Entzug war richtig heftig, über neun endlose Tage zog er sich hin. Die härteste Zeit meines Lebens. Ich bekam Methadon, das half immerhin etwas. An Tag zehn war ich drüber hinweg. Ich machte anschließend eine Langzeittherapie über zehn Monate. Und als ich aus dem Gefängnis kam, bin ich gleich wieder nach Hamburg hoch. Ich musste weg aus meiner alten Umgebung, brauchte Abstand zu den Kreisen, die für mich nicht gut waren.

1979 war ich das erste Mal nach Hamburg gekommen. Aus der Zeit kannte ich noch ein paar Leute, die ich jetzt kontaktieren wollte, um langsam Fuß zu fassen. Damals war ich auch zum ersten Mal im Elbschlosskeller gewesen. Vieles auf dem Kiez war anders als heute. Es gab noch das legendäre Top Ten und andere Läden, die nicht mehr existieren. Mich faszinierte dieses St. Pauli von Anfang an. Ich lernte Daniels Vater kennen, den habe ich bewundert, ich traf auch den Schönen Klaus. Da war er noch schön.

Die erste Zeit nach dem Knast pendelte ich zwischen Flensburg und Hamburg. In Flensburg nämlich hatte ich in einem Bordell einen Job gefunden. Nichts Dramatisches, nur als Aufsichtspersonal und für Fahrdienste. Mit einem VW-Bulli beförderte ich ab und an die Frauen aus dem Bordell in Flensburg zu einem in Hamburg und umgekehrt. Frauentausch sozusagen. Wenn ich in Hamburg war, schlug ich immer öfter im Keller auf, den kannte ich schon, der war mir vertraut. Ich wollte ganz nach Hamburg und brauchte hier einen Job. Über eine Zeitarbeitsfirma wurde ich für irgendwelche Arbeiten im Hafen angeheuert, zum Beispiel als Staplerfahrer. Arbeitstechnisch tingelte ich zwischen den verschiedenen Jobs. Im Hotel Althamburg war ich das Mädchen für alles, stand an der Rezeption, kümmerte mich darum, wenn etwas kaputtging. Das lief also so weit, aber dann musste ich aus meiner Wohnung raus, fand keine neue. War mir aber auch egal, war für mich auch ein Stück Freiheit, kein Stress mit Vermietern, kein Druck, Geld für die Miete ranzuschaffen. Eineinhalb Jahre lang war ich obdachlos. Ich schlief unter einer Brücke und bin von dort aus jeden Morgen zur Arbeit gegangen. Hat auch irgendwie funktioniert. Das Amt hätte mir vielleicht eine Bude zur Verfügung gestellt, aber das wollte ich gar nicht, weil die einem Löcher vermittelten. Na ja, und dann fing ich im Elbschlosskeller an. Lothar war noch der Chef. Er hatte mitbekommen, in welcher Situation ich war, und bot mir den Job bei ihm an. Anfangs durfte ich noch nicht hinter der Theke arbeiten. Im Keller musste man sich vorher mindestens ein halbes Jahr lang als Tischkellner bewähren, also Getränke an der Klappe abholen und servieren, Tische abräumen und so weiter. Irgendwann durfte ich an die Bar. War ein Ritterschlag. Mittlerweile bin ich nach Arno der dienstälteste Mitarbeiter im Keller.

Daniel sagt immer, ich hätte ein besonderes Talent: Ich könne so gut zuhören, deswegen würden mich die Gäste schätzen, sagt er, und einige würden nur in den Laden kommen, wenn ich arbeite. Darüber denke ich gar nicht so viel nach. Ich weiß nicht, ob das an mir liegt oder ob das wirklich ein Talent ist. Aber es ist schon so, dass die Leute mir ihre Geschichten erzählen. Sie setzen sich zu mir und fangen an zu reden. Ab und zu wird mir das ein bisschen zu viel, aber das sage ich ihnen nicht. Ich höre ihnen trotzdem zu. Schließlich sind sie unsere Gäste, und ich finde, das gehört sich so. Das sehe ich als Teil meines Jobs. Viele unserer Gäste sind einsam, sie haben niemanden zum Reden, oder sie erzählen mir so private Sachen, die sie sonst nicht loswerden würden. Bin ich deswegen ein bisschen ein Beichtvater? Manchmal schon, denke ich. Ich bin es gerne. Und ich bin auch verschwiegen. Die Geheimnisse unserer Gäste sind bei mir gut aufgehoben.

Der Keller bedeutet für mich Familie. Eine andere habe ich auch nicht. Ich hänge einfach an diesem Laden. In der Coronazeit verlor ich mein Zimmer, das ich gemietet hatte. Ich war mit der Miete im Rückstand und kam eines Tages nach Hause, da hatte der Hausmeister einfach das Schloss ausgewechselt. Ich rief ihn an, wollte wissen, was los sei. Der Schlüssel sei abgebrochen und er habe ein neues Schloss eingesetzt, sagte er. „Und warum kriege ich keinen neuen Schlüssel dafür?", fragte ich. „Zahl erst mal deine Miete", blaffte er mich an und legte auf. Ich kam dann bei Freunden unter, konnte bei denen aber nicht lange bleiben. Als Susanna und Daniel davon hörten, boten sie mir sofort an: Wenn alle Stricke reißen, kannst du im Keller wohnen. Sie stellten mir im Hinterzimmer ein Gästebett auf und ich zog ein. Mittlerweile habe ich eine neue Bleibe gefunden, keine eigene Wohnung, die will ich gerade auch gar nicht. Ich bin mit einer Frau zusammen, die ich im Keller kennenlernte, bei ihr wohne ich jetzt erst mal. Mal sehen, wie lange das gut geht.

Ich wünsche mir, dass das Leben auf dem Kiez irgendwann wieder in normalen Bahnen verläuft. Dass unsere Tür hier durchgehend offen bleibt und nie wieder zugesperrt werden muss. Und wenn es nach mir geht, dann werde ich hier weiterarbeiten, solange ich kann.

4 | Station No. 2: Im Dragsloch bei Eve Champagne, meinem weiblichen Zwilling

Wenn man vom Elbschlosskeller einmal um den Block geht, kommt man in die Hein-Hoyer-Straße, eine Parallelstraße zum Hamburger Berg, die von der Reeperbahn abgeht. Genau an der Ecke Reeperbahn/Hein-Hoyer ist eine neue große Baustelle, hier verliert St. Pauli wieder ein Stück seines Gesichts, ein Hotel soll es werden, mal wieder, noch eins zu all den anderen, die in den vergangenen Jahren aus dem Boden geschossen sind. Bekannt ist die Hein-Hoyer vor allem dafür, dass man hier gut essen kann. Man findet in dieser Straße einige der – in meinen Augen – besten Restaurants auf St. Pauli. Die sind aber nicht der Grund dafür, weshalb ich euch hierherführe.

Legendär ist in dieser Straße etwas ganz anderes, eine Location, die mit gutem Essen nur bedingt zu tun hat. Ich rede vom Dragsloch, einer Altbauwohnung mit Balkon. Nicht zu verwechseln mit einem Drecksloch, das Gegenteil ist der Fall: Das Dragsloch ist ein Ort voller Glamour und Allüre. Was es mit dem Dragsloch auf sich hat, das werden sich jetzt die meisten von euch fragen. Also, ich erkläre es mal so: Es handelt sich nicht um irgendeine x-beliebige Wohnung, sondern um eine, die Kiezgeschichte geschrieben hat, weil hier einige der berühmtesten Dragqueens Deutschlands lebten. Angefangen hat es mit Lilo Wanders, später zog Olivia Jones ein, und seitdem leben hier immer wieder für eine gewisse Zeit Dragqueens aus Olivias Kosmos. Zum Beispiel Veuve Noire, die mit meiner guten Freundin Eve Champagne eine WG bildete. Aufgrund unserer Freundschaft war ich häufig zu Gast im Dragsloch und verbrachte dort verrückte Abende. Unvergessen sind Eves Auftritte auf dem Balkon zur Hein-Hoyer-Straße, wenn sie da blankgezogen hat. Eigentlich passte Eve gar nicht ins Konzept des Dragslochs, weil sie eine „echte" Frau ist. Ohne Übertreibung kann man sagen, dass sie Europas Burlesque-Tänzerin Nummer 1 ist. Sie war einige Jahre Mitglied in der Olivia-Jones-Familie und performte in Olivias Läden. Mittlerweile wohnt Eve nicht mehr im Dragsloch. Sie fand woanders auf dem Kiez eine neue Wohnung, nachdem sie bei Olivia Jones aufgehört hat.

Was ich an Eve so mag: Sie ist ein cooler Mensch. Damit gehört sie auf den Kiez, und der Kiez braucht Frauen wie sie. Tatsächlich, nachdem wir uns kennengelernt hatten, dachte ich, Eve ist mein weiblicher Zwilling. Sie ist Rock 'n' Roll durch und durch. Das soll heißen: Sie tut immer Dinge, ohne vorher lange drüber nachzudenken. „Es geht? Ich mach's." Und genauso denke und handle ich ja auch. Nebenbei gesagt, Eve ist eine der besten Köchinnen, die ich kenne. Von daher passte sie genau in die Hein-Hoyer-Straße. Vom Frühstück bis zum Abendessen, alles ist Bombe! Und egal zu welcher Tages- oder Nachtzeit man zu ihr kommt, sie tischt einem immer etwas auf. Eve kocht regional und saisonal, kauft am liebsten auf dem Nachtmarkt auf dem Spielbudenplatz ein.

Ich weiß noch, einmal schenkte sie mir zum Geburtstag eine dreitägige Geburtstags-Challenge, also sie kochte mir drei Leibgerichte an drei Tagen, die ich mir aussuchen durfte. Das war grandios.

Eve Champagne, 37 Jahre alt

Burlesque-Künstlerin

„St. Pauli ist die Serengeti für bunte Vögel.“

Schon als Teenager wusste ich, ich muss auf die Bühne und ich würde diesen Traum eines Tages wahrmachen. Daran hatte ich keine Sekunde Zweifel. Ich stamme aus einer Einwandererfamilie, meine Eltern kommen aus Polen, wo mein Vater zur See fuhr. Er arbeitete als Mechaniker auf Öltankern und war sein Leben lang in der ganzen Welt unterwegs. Meine Mutter entstammte einer gutbürgerlichen polnischen Familie. Die politische Situation in Polen um 81 – damals herrschte der Ausnahmezustand – veranlasste die beiden, ihre Heimat zu verlassen. Die Regierung hatte das Kriegsrecht ausgerufen, um die Solidarność-Bewegung zu zerschlagen. Meine Eltern wollten in Freiheit leben und hatten Angst, nie mehr aus Polen herauszukommen, sollte sich die Lage weiter zuspitzen. Damals ahnte niemand, dass sich der Eiserne Vorhang öffnen würde. Viele Freunde und Bekannte meiner Eltern waren bereits in den Westen geflohen. Mein Vater hatte so viel von der Welt gesehen und meiner Mutter immer davon vorgeschwärmt, dass die Vorstellung, in ihrem Land eingesperrt zu sein, für beide unerträglich war. Also packten sie ihren kleinen Sohn ein, meinen älteren Bruder, und verließen Polen auf einem Schiff, kamen nach Bremen und blieben dort.

In Bremen kam dann ich zur Welt und verbrachte hier eine schöne Kindheit. Bevor ich mir in den Kopf gesetzt hatte, auf die Bühne zu wollen, gab es erst die Idee, Meeresbiologin zu werden, später war es Astronautin, solche Flausen haben ja die meisten Kinder. Was die Bühne betraf, war zunächst zu klären: Wie sollte ich das schaffen – als Schauspielerin, Sängerin, Tänzerin ...? Und hier gab es ein klitzekleines Problem: Leider war ich nämlich völlig talentfrei, was die genannten Berufe anging. Daran hat sich bis heute nichts geändert, ich bin immer noch talentfrei, aber ich hatte eine Gabe: Ich konnte die Menschen unterhalten, ich war noch nie auf den Mund gefallen. Ich will nicht angeben, aber ich bin eine verdammt gute Entertainerin. Ich verließ meine Heimatstadt mit 21 Jahren und ging nach Hamburg, weil ich gehört hatte, dass dort Deutschlands erste Burlesque-Bar eröffnet hatte. In Bremen hatte ich allerdings meinen Freund, er war meine erste große Liebe, ich ließ ihn zurück und wir verständigten uns auf eine Beziehung auf Distanz. Irgendwann aber musste ich mich entscheiden. Ich sagte mir: Zurückgehen kommt nicht infrage, wieder bei null anfangen? Ein No-Go! Nicht für einen Mann, nicht der Liebe wegen, die am Ende vielleicht vergeht (und so kam es ja auch). Mein Traum von einer Karriere, das wusste ich immer, der bleibt, der überlebt jede Beziehung und für den opfere ich alles.

Als Burlesque-Künstlerin wird man nicht geboren, man kann logischerweise auch keine Lehre machen, um den Beruf zu erlernen. Man muss die Initiative ergreifen, wenn man es in diesem Metier zu etwas bringen will. Das tat ich, ich stellte mich auf eine Bühne und legte los. Mit der Zeit wurde ich immer besser und souveräner. Auf diese Weise wurde ich Deutschlands erste Solo-Burlesque-Performerin und kann mit Stolz sagen, diese Kunstform bekannter gemacht zu haben. Burlesque ist Striptease, wobei das Tease – also das Spiel mit den Reizen, wie man es aus den Fünfziger- und Sechzigerjahren kennt – ganz wichtig ist. Man könnte sagen, der Unterschied zwischen Strippen und Burlesque liegt darin, dass beim Striptease das Nacktsein zelebriert wird und beim Burlesque das Ausziehen. Es ist eine höhere Kunstform, sich anziehend auszuziehen und so das Publikum am Ball zu halten, denn wie lange kann man sich ausziehen, ohne dass es langweilig wird? Genau darin liegt die Kunst. Die Burlesque hat viele Spielarten, sie kann humorvoll sein, skurril, elegant. Ich mache es auf die derbe Art. Da tritt vielleicht mein Seemanns-Papa-Hintergrund zutage. Ich trinke auf der Bühne, ich rauche und reiße mir die Klamotten vom Leib. Das Derbe macht meine Kunst als Eve Champagne aus, weil ich weder Federfächer benutze noch irgendwelchen Glitzerkram. Ich stehe rülpsend auf der Bühne, bespucke die Leute mit Wodka und bekomme dafür Applaus. Das ist meine legendäre Matrosennummer, bis heute meine „significant show“. Man nennt mich auch „Dita vom Tresen“. So gesehen bin ich das genaue Gegenteil der berühmten Dita Von Teese, die mit ihren 1,60 Metern fein und zierlich ist, während ich mit meinen 1,81 Metern eher „nordisch by nature“ rüberkomme. Die Burlesque ist also vielseitig; genauso wie es unterschiedliche Musikrichtungen gibt, existieren diverse Burlesque-Stile nebeneinander.

Eve Champagne ist natürlich ein Künstlername, mein echter Name lautet Evelyn Szepa. Woher das „Eve“ stammt, muss ich nicht erklären. Das „Champagne“ hat folgenden Ursprung: Als ich damals auf dem Absprung aus Bremen war und nach einem Künstlernamen suchte, saß ich mit den Bremer Kiezleuten aus dem Rotlicht in einer Kneipe in Bremen zusammen, einer richtig verrauchten Spelunke, und sagte zu denen: „Ich gehe nach Hamburg und werde Burlesque-Tänzerin. Aber, Leute, dafür brauche ich einen coolen Namen.“ „Ja, Szepa, das scheppert doch, so was würde zu dir passen“, sagte einer, weil mich alle als burschikose Draufgängerin kannten. Das Ganze war eine Szene, wie sie auch im Elbschlosskeller hätte stattfinden können. Nur versoffene Typen, alles voller Rauchschwaden, ich mittendrin. Aus einer

Ecke rief dann einer rüber: „Bist doch voll die Champagnerlady." In dem Moment fing der ganze Tresen an zu lachen, ich auch, und mein Name war gefunden. Eve Champagne! Weil Champagner der einzige Alkohol ist, der mich zum Mädchen macht, da ich sonst Biertrinkerin bin, eine von denen, die viel vertragen können und die als Erstes „Pub fight!" schreien.

Meine erste Station damals in Hamburg war das Queen Calavera in der Gerhardstraße, die vom Hans-Albers-Platz abgeht, wie gesagt, Deutschlands erste Burlesque-Bar. Sie hat vor ein paar Jahren leider geschlossen. Die Auftritte waren zwar von Beginn an mein Hauptjob, aber ich war noch zu unbekannt und verdiente zu wenig Geld, um von den Einkünften allein leben und meine Miete zahlen zu können. Wenn ich nicht auf der Bühne stand, arbeitete ich als Türsteherin, um mir etwas dazuzuverdienen. Die ersten Jahre in Hamburg musste ich wirklich kämpfen. Um über die Runden zu kommen, holte ich mir sogar entsorgte Lebensmittel aus den Containern der Supermärkte. In dieser Zeit lernte ich Daniel kennen, aber nur so am Rande, wie man sich auf dem Kiez kennt, wenn man sich hier und da über den Weg läuft. Man respektiert sich, nickt sich zu, wirft sich ein „Moin!" zu. Mit 25 trat ich karrieremäßig immer noch auf der Stelle und sagte mir, du musst beruflich noch etwas anderes probieren, du brauchst für alle Fälle ein Sicherheitsnetz. Das bestand aus einer Hotellehre, die ich dann anfing, parallel zur Bühnenarbeit. In dem Hotel schmückte man sich mit mir als Kunstfigur – auf den Bewirtungsbelegen war zu lesen: „Es bediente Sie Eve Champagne." – und wollte mich als Aushängeschild des Hotels an die Rezeption stellen. Die meistgehasste Arbeit im Hotel ist bekanntermaßen die Rezeption. Das war auch nichts für mich. Ich flog raus, weil ich zu aufmüpfig war und den Gästen nicht in den Arsch kriechen konnte und wollte. Auch wenn es also anfangs nicht optimal lief, ich machte mit der Burlesque weiter, und das Durchhalten zahlte sich aus. Ich wurde mit der Zeit bekannter, und immer häufiger kamen die Leute, um mich live zu erleben. Meine derb-laszive Art der Burlesque sprach sich rum. Eines Tages kam Olivia Jones auf mich zu, das war vor etwa zehn Jahren, und fragte, ob ich eine Website hätte und ein Management. „Nee, was?!", sagte ich. Ich hatte mich bislang als Einzelkämpferin durchgeschlagen, und das gar nicht schlecht, fand ich. Olivia meinte, sie plane, einen neuen Laden aufzumachen, und sie wollte mich als Gesicht, als Aushängeschild gewinnen. Sie hatte mich mal im Fernsehen gesehen und kannte mich aus der Szene. Sie wunderte sich, wie ich es so weit gebracht hatte, ohne dass ich ein professionelles Management an meiner Seite hatte. „Na ja, keine Ahnung, das ist halt mein Schnack", sagte ich. „Ich trage das Herz auf der Zunge. Das kommt bei den Leuten an." Olivias Angebot gefiel mir dennoch und ich schlug ein. Und so wurde ich durch Olivia Deutschlands berühmteste Burlesque-Tänzerin.

Ich war übrigens die erste biologisch echte Frau in der Olivia-Jones-Familie. Aufgrund meiner Körpergröße, meines Habitus und meiner tiefen Stimme wurde ich oft für eine Dragqueen gehalten. Man könnte sagen, ich bin die männlichste von allen. Eine Zeit lang war ich von den Zuschauern, die mich ernsthaft immer wieder fragten, ob ich Mann oder Frau sei, so dermaßen angepisst, dass ich als Antwort nur meinen Rock hochhob. Es gab tatsächlich Leute, die dann noch weiterfragten: „Und seit wann bist du eine Frau?" In solchen Situationen konnte ich ausrasten. Ey, Leute, geht mal öfter raus! Okay, unten blank zu ziehen, war vielleicht doch etwas zu derb, deswegen bekam ich aber auch ein „Unten ohne"-Verbot auf der Bühne.

Durch meine Arbeit für Olivia zog ich dann ins Dragsloch ein.

Hier wohnte ich ein paar Jahre zusammen mit Veuve Noire, einer Dragqueen, mit der ich mich schnell anfreundete. Unsere Wohnung bestand aus einem riesigen Flur und vier Räumen. Sobald man zur Wohnungstür reinkam, fiel man schon fast in mein Bett. Mein Zimmer lag gleich neben dem Eingang. Ich bin ein Bohemian-Style-Fan, bei mir muss alles schön überladen sein. Die Wände meines Zimmers waren grün mit Star-Wars-Helmen, Tiki-Sachen, also ich wachte morgens auf und die Welt schrie mir in ihrer ganzen Vielseitigkeit entgegen. Die Vorstellung, im Schlaf von Geistern und Masken und von Kitsch aus den Fünfzigerjahren bewacht zu werden, gefiel mir. In einer Zimmerecke stand ein T-Rex in grünem Latex, den ich von einer Fetischparty abgestaubt hatte. In der Wohnung gab es ein Gästezimmer, in dem gelegentlich andere Künstlerinnen übernachteten, dann kam das Zimmer meiner Mitbewohnerin, und weiter ging man an unserer „Disco" vorbei, dem Klo. Die Wände des Klos waren komplett beschrieben. Jeder, der sich darin mal niedergelassen hatte, durfte sich mit seiner Unterschrift oder einem Sprüchlein verewigen. Und wenn man das Klo betrat, ging ein Discolicht an und zeitgleich setzte Musik ein. Zu guter Letzt gelangte man in die Küche. Sie war zu meiner Zeit in Magentafarben gehalten und im Tiki-Style dekoriert. Dort stand ein großer Holztisch, er war das Zentrum des Dragslochs. Den Tisch hat Daniel abgestaubt, als er entsorgt werden sollte, er steht jetzt in seiner Meuterei. Dieser Tisch könnte Geschichten erzählen ... An ihm haben schon so manche Kiezgrößen gesessen und gesoffen. Was haben wir nicht alles an diesem Tisch angestellt, obwohl er nur dreibeinig und ziemlich instabil war. Aber im Dragsloch herrschte immer eine Regel: Was im Dragsloch passiert, bleibt im Dragsloch!

Die schönste Spielwiese für mich als Entertainerin mit einem Hang fürs Derbe war der Balkon des Dragslochs, nach vorne raus zur Hein-Hoyer-Straße. Dieser Balkon war meine ganz private Bühne. Liefen unten auf der Straße Freunde an unserem Haus vorbei und erblickten mich auf dem Balkon, wenn ich zum Beispiel die Wäsche aufhängte, riefen sie zu mir hoch: „Hey, Eve, du Schlampe!“ Als Antwort hob ich nur mein Shirt und zeigte ihnen meine Brüste. Die ganze Straße hat dann applaudiert. Für mich war das ein Riesenspaß. Wenn Daniel neue Leute auf dem Kiez herumführte, die noch Ehrfurcht vor allem hatten, machte er einen Stopp vor unserem Haus, und wenn ich vom Balkon aus meine Brüste zeigte, fiel denen die Kinnlade runter.

Insgesamt wohnte ich fünf Jahre zusammen mit Veuve Noire in der Dragsloch-WG. Sie ist ein besonderer Mensch für das Viertel, aber auch für mich. Veuve wohnt immer noch in der Hein-Hoyer-Straße, jetzt aber im Elfenbeinturm, ganz oben unterm Dach. Sie kommt aus Wismar, ist ein androgyner Mensch, wunderschön, und wurde als Homosexueller in ihrer Heimat massiv belästigt. Sie erzählte mir, wie Neonazis ihr auf der Straße hinterherpfiffen, bis sie bemerkten, Scheiße, das ist ein Mann, und Veuve musste um ihr Leben rennen. Sie konnte sich nur retten, indem sie in einen Bus sprang. Die Neonazis hätten sie totprügeln können. Veuve fand ihre Rolle auf St. Pauli als Botschafterin für Toleranz, sie geht in Schulen und redet über einen offenen Umgang mit Sexualität, und sie hat schon manch einem bei seinem oder ihrem Coming-out geholfen. St. Pauli ist für mich die Serengeti für bunte Vögel, ein Nationalpark, in dem wir uns alle wohlfühlen, in dem wir uns nicht verstecken müssen und in dem wir offen leben können. Und die Drags, sie sind ein fester Bestandteil dieser Welt.

Das Dragsloch war so etwas wie meine erste richtige Heimat auf St. Pauli. Und dass ich dort raus bin, tut immer noch ein bisschen weh. Zwei Dinge kamen zusammen: Ich hörte auf, bei Olivia Jones zu arbeiten, und ich fand eine neue Liebe. Neuer Lebensabschnitt, neue Wohnung, neue Jobs. Klingt gut. Die neue Liebe machte mich aber auch fertig, weil sie so intensiv war, ich fühlte mich eingeengt.

Und dann kam Corona. Zwei meiner Freunde starben, und von heute auf morgen konnte ich nicht mehr arbeiten. In dem Moment kam alles zusammen, es war einfach zu viel, und ich fiel in eine Depression. Auch der positivste Mensch, und als solchen sehe ich mich, kann von Depressionen betroffen sein. Während der depressiven Phase lag ich tagelang heulend im Bett. Ich vermied es, in die Küche zu gehen, weil ich Angst hatte, in einem unbedachten Moment könnte ich zu einem Messer greifen und mich selbst verletzen. Zu arbeiten hilft mir, wenn es mir schlecht geht. Beschäftige mich, sage ich, ich bin eine Maschine, und wenn mein Kopf arbeitet, wenn ich körperlich arbeite, dann ist alles gut.

Ich bin keine Diva, ich kann anpacken, also suchte ich mir Jobs. Unter anderem wurde ich Kurierfahrerin und Spargelstecherin, arbeitete auch wieder in einem Hotel. Aber die Bühne fehlte mir total. Ich bin eine Rampensau, eine Aufmerksamkeitshure, nichts kann die Bühne ersetzen. Sie ist meine Droge. Und ich weiß nur eins: Ich will im Alter von der Bühne gekratzt werden, selbst wenn man mich im Rollstuhl mit einer Wolldecke auf dem Schoß auf die Bühne rollen muss, selbst wenn ich meinen faltigen Hals mit einer Federboa verdecken muss.

Und dann kam Daniel auf mich zu, als ich mich auf dem tiefsten Tiefpunkt befand, gerade zur rechten Zeit. Er schaffte es allein mit seiner Freundschaft, mich wieder aufzubauen. Langsam ging es mir besser, auch weil mir Daniel eine neue Aufgabe und neuen Mut gab. Dann unterstützte ich ihn und seine Leute während des Lockdowns bei ihrer Hilfsaktion für den Kiez. Daniel wusste genau, was ich brauchte. Weil wir nämlich Seelenverwandte sind. Dieser „sexy motherfucker".

5 | Oben, unten, abgestürzt

So ist der Kiez: Jeder macht, was er will. Alle sind schön, alle sind gleich, alle haben Spaß. Und wer nicht mitmacht, der geht weiter oder guckt weg. Aber auch so ist der Kiez: brutal, gnadenlos, kaputt. Du erlebst Absturz, Krankheit, Depression. Wer Eve mal leibhaftig erlebt hat, würde nicht auf die Idee kommen, dass sie auch diese Seite in sich trägt. Weil sie so voller Power und Energie ist. Vielleicht ist es genau das, was uns Freunde und Vertraute werden ließ: Wir erkennen die dunkle Seite im anderen.

Mein Onkel Kolja, der Bruder meiner Mutter, hat mir einen klugen Rat gegeben. „Wenn du dich nackig machst, kann dich kein anderer mehr ausziehen", sagte er. Damit trifft er den Nagel auf den Kopf. Ich war mein Leben lang ein total offener Mensch. Manchmal stößt meine Art andere vor den Kopf. Meine kleine Schwester sagte eines Tages zu mir: „Daniel, du bist ein Arschloch." Dabei hatte sie ein verschmitztes Lächeln im Gesicht. Und ich: „Wieso bin ich ein Arsch?" Sie: „Weil du einem alles immer so direkt ins Gesicht sagst." Ich: „Und wieso ist das ein Problem?" Sie: „Das will nicht jeder hören, auch wenn es stimmt. Es will einfach nicht jeder hören." In dem Moment wurde mir das zum ersten Mal richtig bewusst. Diese offene Art habe ich immer noch, aber weil ich älter oder erfahrener geworden bin und an mir gearbeitet habe, bekomme ich es inzwischen hin, meine Gedanken auch mal für mich zu behalten. Auf den nächsten Seiten aber werde ich euch berichten, wie es mit mir bergab ging.

Manchmal kommt es mir so vor, als wäre mein Leben ein ständiger Tanz auf dem Drahtseil. Strahlemann und Wirt (die Medien schreiben „Promiwirt"), immer cool drauf und einen lockeren Spruch auf den Lippen. Stimmt, so bin ich, aber nicht nur. Ich muss zugeben, dass diese ganze Öffentlichkeit komplizierter ist, als ich es mir vorgestellt hatte. Ich habe sie gesucht und ich genieße es, im Mittelpunkt zu stehen, ich finde es gut, wenn der Elbschlosskeller im Fernsehen zu sehen ist. Dass es aber zeitweise so extrem würde, wie es dann kam, damit hatten Susanna und ich nicht gerechnet. Das soll jetzt keine Beschwerde werden, kein Klagen auf hohem Niveau. Ich wollte es so und will es immer noch, nur hatte ich nicht bedacht, dass ich erst lernen musste, mit dieser Situation umzugehen. Das war ein langer Prozess.

Im Frühjahr 2019, nachdem meine Biografie erschienen war, ging die Achterbahnfahrt los. Mein Buch endete mit einem Happy End oder, um im Bild der „8" zu bleiben, damals war ich fest davon überzeugt, dass ich die Daniel-typische Abfolge von Höhenflügen und Abstürzen für immer hinter mir gelassen hatte. Doch in dem Jahr wurde es noch einmal richtig schlimm. Ich bin nicht der Heilige, für den mich viele halten und, ja, für den auch ich mich selbst zeitweise hielt. Etwas, was ich klarstellen möchte, wofür ich an dieser Stelle aber auch Sorry sagen möchte: Während eines TV-Drehs in der Ritze, dem legendären Boxclub auf der Reeperbahn, wo ich beim Boxtraining gefilmt wurde, ließ ich mich zu einer

Aussage hinreißen, für die ich mich im Nachhinein schäme: „Ich bin der König von St. Pauli!" Das sagte ich vor laufender Kamera, und das war scheiße. Ich bin nicht der King, und so sehe ich mich auch gar nicht, aber ich war zu dem Zeitpunkt gesundheitlich angeschlagen, hatte Fieberschübe, alles in allem nicht Herr meiner Sinne, und ich ließ mich überreden, so einen Schwachsinn zu sagen. Würde ich nie wieder tun.

Aber damals war so einiges aus den Fugen geraten. Durch den Hype um den Elbschlosskeller und mich, seinen Wirt, konnte ich keine normale Schicht mehr machen. Es war unmöglich, meiner Rolle als guter Barmann, Wirt, Aufpasser, Psychologe, Animateur gerecht zu werden, so wie all die Jahre zuvor. Normalerweise lief es so ab: Ich stand hinter dem Tresen, der Gast kam rein, man nahm Augenkontakt auf, checkte sich gegenseitig ab, und von da an war es meine Aufgabe, dem Gast ein gutes Gefühl zu vermitteln, etwas hinzulegen, etwas abzuliefern. Darin war ich immer gut, das hatte ich in den Genen. Und jetzt war es so: Kaum betrat ich den Laden, war ich umzingelt und schaffte es nicht mal bis zum Tresen. Die Leute zerrten an mir, Frauen ließen mich auf ihrem Dekolleté unterschreiben. Tatsächlich gab es Mädels, die extra aus der Schweiz hergeflogen sind und sich von mir mit Edding die Brüste signieren ließen und deswegen völlig ausflippten. Es kamen Leute auf mich zu, die der Meinung waren, der Daniel hat Wunderkräfte, der kann mich heilen. Aber da ich das natürlich nicht konnte (ich helfe ja gern, lasse mich auch auf andere ein, aber heilen, das ist noch mal was ganz anderes), nahmen sie mir das übel. Eine Frau, die an einer Psychose litt, schrieb mir immer wieder E-Mails, weil sie glaubte, ich könne ihr helfen, nur weil ich selbst so meine Psychoprobleme hatte. Ich schrieb ihr zurück, dass sie bei mir an der falschen Stelle sei, sie solle sich besser professionelle Hilfe suchen. Ich wollte ihr keine Hoffnung machen und nichts Falsches sagen. Sie aber mailte immer wieder, nachher erstickte ich fast in ihren Nachrichten und antwortete schon nicht mehr darauf. Eines Tages stand eine Frau vor mir im Elbschlosskeller und stellte sich als die Schreiberin vor. Sofort begann sie von ihren psychischen Problemen zu erzählen. Ich hielt mich auch da bedeckt, die Situation war mir unangenehm. Im Gewusel im Keller verlor ich sie aus den Augen, irgendwann war sie verschwunden. Kurz danach bekam ich von ihr eine Mail in einem ziemlich abfertigenden, harten Ton, der in der Aussage mündete: „Du bist ja gar nicht so, du kannst gar nichts."

Eine andere Situation, die mir klarmachte, welche falschen Vorstellungen ich möglicherweise bei Menschen wecke, war eine typische Elbschlosskeller-Szene. Wenn zwei Kerle bei uns aufeinander losgehen, muss ich dazwischengehen, bevor die Lage eskaliert, notfalls mit den Fäusten. So weit kam es aber in diesem Fall gar nicht. Zwei Typen waren drauf und dran, sich an die Kehle zu gehen. Ich schrie die beiden massiv zusammen und zog sie aus dem Laden. Diese Szene hatten ein paar Touristen mitbekommen, die zum ersten Mal da waren. Als sich die Lage beruhigt hatte, kam einer von ihnen zu mir und meinte: „Ihr seid ja gar nicht so sozial, wie es im Fernsehen rüberkommt. Ihr seid gar nicht die netten Helfer." Ja, Leute, dachte ich, was glaubt ihr denn? Der Elbschlosskeller ist immer noch der Elbschlosskeller, das haben viele offensichtlich vergessen, wir sind so mit die schmutzigste und härteste Kneipe Europas – nach wie vor.

Es gab auch ein paar Situationen in diesem Fame-Zustand, so nenne ich ihn mal, die ich außerhalb des Kellers erlebte. Ich war mit meinem Sohn und den Hunden im Wald unterwegs, in dem Naturschutzgebiet, das wenige Meter hinter unserem Haus beginnt. Diese Spaziergänge in die Natur sind so ein bisschen unser Vater-Sohn-Ritual, Lennox und ich unterhalten uns, philosophieren ein bisschen, wollen für uns bleiben. Auf einmal rannte eine fremde Frau auf uns zu und blieb erst kurz vor uns stehen. „Das ist er!", rief sie und laberte immer weiter und ließ sich nicht mehr abwimmeln, bis mein Sohn und ich den Rückzug antraten. Ein anderes Mal waren wir mit einer Freundin und deren Kindern in einem Vergnügungspark. Ich stand in der Schlange vor einer Imbissbude, um für uns alle Pommes und Currywurst zu holen. Vor mir wartete ein Typ, der mich erkannt hatte und darauf bestand, mich vorzulassen. Ich lehnte dankend ab, mir war das unangenehm. „Nee, ist alles gut", sagte ich nur. „Komm vor, du bist doch der aus dem Fernsehen!", sagte der Typ und quatschte immer weiter, alle anderen Leute glotzten schon auf uns. Ich dachte: Wie scheiße ist das? Einer schwangeren Frau hättest du nicht den Platz frei gemacht, sondern mir, nur weil du mich im Fernsehen gesehen hast. Da habe ich zum ersten Mal gedacht: Das willst du nicht. Das ist das Letzte, worauf du Bock hast. Eine Extrawurst für etwas, was du nicht verdient hast, dich mit fremden Federn zu schmücken.

Klar, der Elbschlosskeller boomte natürlich, das war gut für unser Geschäft. Und an manchen Tagen konnte ich diesen Fame von Herzen genießen, aber dann gab es auch solche, an denen war das Gegenteil der Fall und ich hatte keinen Bock auf mich selber. Wenn dann fünf Leute vor mir standen, die ausrasteten und „Ahhh, da ist er!" riefen, wurde es mir zu viel. Ich bin ein extremer Typ, in allen Dingen, egal wie alt ich war, immer hieß es: alles oder nichts, Normalmaß oder Durchschnitt gab es nie. Und ich kann mich schnell verlieren. Das Problem ist, wenn ich die Bodenhaftung verliere, dann richtig, und ich merke es erst, wenn ich schon zu hoch in der Luft bin, um unbeschadet wieder zu landen. Susanna war immer mein Regulativ – auch in dieser Phase –, die mich auf ihre Susanna-typische Weise (die mich in dem Moment nervt, für die ich sie aber im Grunde liebe) warnte: „Daniel, du bist scheiße!"

Im Sommer, Herbst 2019 ging es mit mir auf der „8" radikal bergab. Ich versuche zu erklären, was mit mir los war: Ich liebte den Fame und hasste ihn im gleichen Moment. Ich fing damit an, wieder zu trinken und Drogen zu konsumieren, weil ich in diesem Zustand diese Zerrissenheit am ehesten ertragen konnte – oder glaubte, ertragen zu können. Der Drogenkonsum fing harmlos an und steigerte sich rasant. Auf den Hype um den Elbschlosskeller und um mich, den „Superwirt", reagierte ich mit Flucht in Partys, Suff und Konsum. Es folgte das bittere Aufwachen in der Realität, die nicht zu ertragen war. Aber das merkte außer mir niemand. Immer noch sagten alle: „Daniel, du bist der Geilste überhaupt." Darauf wieder Suff, wieder das Erwachen, und wieder alles von vorne … Ich wusste, die Leute meinten es nicht böse, sie feierten mich aber für etwas, was ich nur zu einem kleinen Teil bin. Damit kam ich auf Dauer nicht klar und entwickelte mehr und mehr riesige Selbstzweifel. Wenn man sich mit mir fotografieren ließ, grinste ich auf Knopfdruck und hatte im Hinterkopf den Gedanken: Bist das jetzt noch du? Ist das echt oder fake? Ich stand unter dem permanenten Druck, es allen recht machen zu wollen. Und ich trank noch mehr. Ich stand völlig neben mir, litt unter einer Paranoia, also Verfolgungswahn, und bekam Angstzustände. Ich bin mir sicher, dass ich dazu eine genetische Veranlagung habe. Auch meine Mutter litt früher darunter.

Zeitweise war ich tagelang wach, völlig rastlos. Ich hielt es nicht an einem Ort aus, musste ständig in Bewegung bleiben. Denn ich fühlte mich verfolgt, beobachtet, und hatte eine Todesangst, schlimmer noch, ich war mir sicher, ich würde sterben. Ich glaubte, irgendjemand hat es auf mich abgesehen, lauert mir auf und knipst mir gleich das Leben weg. Weil ich in meinem Zustand nicht mehr in der Lage war, selbst Auto zu fahren, ließ ich mich von einer Bekannten tagelang durch die Gegend kutschieren. In diesen Angstphasen rief ich alle möglichen Leute an und erzählte ihnen die irrwitzigsten Storys. Ich sagte, ich wolle mit mir im Reinen aus dem Leben scheiden, wenn es so weit wäre.

Obwohl ich damals wie in einem Tunnel lebte und alles um mich herum nur verzerrt wahrnahm, sind mir diese Tage und Nächte seltsamerweise noch sehr präsent. Ganz viel Mist habe ich während dieser harten Drogenphase angestellt, worauf ich wirklich nicht stolz bin.

Und dann kam der absolute Tiefpunkt.

Dann bin ich ausgetickt.

Die verschiedenen Puzzlestücke dieser Nacht konnte ich nur im Nachhinein zusammensetzen – aus eigenen bruchstückhaften Erinnerungen und den Berichten der anderen Beteiligten. Ich kam aus der Meuterei, war schon in einem ziemlich desolaten Zustand und wollte noch kurz rein ins DOT, einen Technoclub, nebenan in der Friedrichstraße. Ich weiß noch, dass ich an der Theke stand, da war ein Widersacher, mit dem ich öfters schon Stress gehabt hatte. Ich bin mir sicher, dass er es war, der mir K.-o.-Tropfen in meinen Drink gegeben haben muss. Dazu muss man wissen: Je nach Dosierung von K.-o.-Tropfen ist die Wirkung unterschiedlich. Erste Stufe: Sie wirken aphrodisierend auf dich. Zweite Stufe: Sie berauschen dich und machen dich völlig breit. Dritte Stufe: Sie knocken dich komplett aus, machen dich k. o. Und vierte Stufe: Sie töten dich. Bei mir war die Wirkung die, dass ich völlig ausgeflippt bin. Meine Erinnerung an den Abend: Da war ein junger Mann, der heute auch ein Hooligan ist, der zu mir aufschaute, mit ihm war ich an dem Abend unterwegs. Ein richtiger Brocken von Kerl, 1,90 Meter groß und 115 Kilo schwer. Nachdem ich die K.o.-Tropfen intus hatte, schlug ich ihm, obwohl er viel stärker war als ich, auf der Tanzfläche zwei Zähne raus und knallte ihm eine Kniescheibe weg, dann packte ich ihn mit einer Hand am Hals, am Kehlkopf, und zog ihn aus dem Laden raus, dabei hielt ich in der anderen Hand ein Selters. Was ich nicht mehr weiß, aber was mir erzählt wurde: Draußen auf der Straße brüllte mich eine der Prostituierten an, was ich da mache. Daraufhin warf ich die Flasche nach ihr. Im nächsten Atemzug kamen drei Luden dazu, um zu sehen, was los war. Ich schrie nur rum wie ein Wahnsinniger: „Ich fick euch alle!“ Und dann wollte ich auf die drei los. Von der anderen Straßenseite kamen noch weitere Luden dazu. Diese Szene hatten Philip, Sven und Winnie mitbekommen, meine Mitarbeiter aus der Meuterei, und sie kamen heraus, um mir zu helfen. Winnie – klein, schmächtig und eher unscheinbar, aber ein brandgefährlicher Typ – baute sich vor den Luden auf. „Wer bist denn du?“, fragte ihn einer von denen. Und er in seinem albanischen Akzent: „Ich schneid dir Ohr ab und steck in dein Maul.“ Daraufhin ließen die Luden von mir ab. Meine drei Helfer aber standen um mich rum, sie hatten mir den Arsch gerettet, jetzt versuchten sie mich aufzuhalten, weil ich weiterwollte. Aus Versehen verpasste ich Philip einen Faustschlag, Sven schob ich mit Gewalt zur Seite, und Winnie packte ich unter den Armen, hob ihn hoch und stellte ihn weg. Dann ging ich die Friedrichstraße entlang und bog in die Gerhardstraße ab, wo auch das Motherfucker ist. Ich ging aber in die Tankstelle, das ist die HSV-Fankneipe auf dem Kiez, weil ich dachte, dass mein Freund Gregor da sein könnte. Ich hatte mir in den Kopf gesetzt, mich mit ihm zu prügeln. Er war tatsächlich in der Kneipe und ich stürzte auf ihn los. Gregor setzte sich zur Wehr, es war das reinste Chaos in dem Laden, Flaschen, Gläser, Stühle, Tische, das ganze Mobiliar flog durch die Gegend. Die anderen Gäste wurden von den Betreibern aufgefordert, das Lokal zu verlassen, andere gingen aus Respekt oder Selbstschutz und beobachteten uns von draußen. Ich war völlig am Ende, trotzdem rollten wir weiter auf dem Boden herum und ich ließ nicht von Gregor ab, obwohl er mir schon mehrfach massiv ins Gesicht geschlagen hatte. Irgendwann gab ich dann doch auf und verließ wortlos die Kneipe. Ich war blutüberströmt, meine Klamotten waren zerrissen, ich hatte bei dem Kampf meine Kette verloren, die mir sehr wichtig war. Von ihr hatte ich bei einem Juwelier zwei identische Exemplare anfertigen lassen, eine für meinen

Sohn und eine für mich. Der Verlust war im Nachhinein sehr traurig. Von der Tankstelle lief ich zurück zur Meuterei, holte mir die kompletten Umsätze aus der Kasse und packte die Scheine – es waren sicherlich mehrere Tausend Euro – in einen Rucksack. Mit dem Geld ging ich anschließend in den billigsten Puff auf dem Kiez und spielte wilde Sau, hatte mit drei Prostituierten noch drei Stunden lang Sex auf Viagra, bis nichts mehr funktionierte. Die hatten schon keinen Bock mehr auf mich, gingen aus dem Zimmer. Dann krabbelte ich zu meinem Rucksack, holte Geld raus und ließ die Scheine durchs Zimmer fliegen. Als bei mir gar nichts mehr ging, ließ ich sie einen Strap-on umbinden und alleine weitermachen, während ich auf dem Bett lag und zuguckte. Wie ich von dort wegkam, weiß ich nicht mehr. Später saß ich draußen auf ein paar Treppenstufen irgendwo auf dem Kiez. Langsam kam ich wieder zu mir, einige Erinnerungen an die Nacht kehrten zurück. Ich erinnerte mich an eine Rangelei im DOT, nicht aber, wie schlimm es tatsächlich gewesen war. Es wurde langsam hell. Die Straße war fast leer, nur Überbleibsel aus den Clubs streunten noch durch die Gegend. Mehrere Prostituierte standen im Halbkreis um mich herum – nicht die aus dem Puff, in dem ich gewesen war, sondern andere, die mich kannten – und starrten dieses menschliche Wrack an, mich! Was mit mir bloß los sei, fragte eine, ich sei doch sonst ein netter, umgänglicher Typ. Ich erzählte, dass ich gerade im dreckigsten und billigsten Puff gewesen sei. „Warum gehst du dahin? Warum kommst du nicht zu uns?“, fragte eine. Und ich sagte nur, ich fühlte mich wie Dreck, also wollte ich „Dreck“ ficken. Die anderen lachten, fanden mich lustig. Aber ich meinte es ernst. Was ich ausdrückte, klang herablassend den Frauen gegenüber, bei denen ich gewesen war. Aber so meinte ich das gar nicht, denn der Dreck war hier einzig und alleine ich. Ich war ganz unten angekommen. Und das war nur eine von vielen solcher Episoden in dieser Zeit.

Heute verstehe ich selbst nicht, wie ich das alles Susanna zumuten konnte, die natürlich hautnah mitbekam, wie es mit mir bergab ging. Sie war diejenige, die auf sich allein gestellt war und sich dennoch um unseren Sohn, unser Geschäft und, ja, auch um mich kümmerte. Anfangs dachte ich wirklich noch, ich schaffe es, ohne professionelle Hilfe wieder gesund zu werden. Aber in den lichten Momenten, die es auch gab, wurde mir klar, das wird dieses Mal nicht funktionieren, und ich ging zu einem Therapeuten, einem Drogenberater, um mich ambulant behandeln zu lassen.

Gleich bei unserem ersten Treffen hatten wir ein Gespräch, das lange bei mir nachwirkte und etwas auslöste. Der Therapeut sagte: „Daniel, so wie ein trockener Alkoholiker immer ein Alkoholiker ist, so wirst du immer ein Suchtmensch bleiben.“ 2019 war ich mir sicher gewesen: Ich stürze nie mehr ab! Ich war einer, der es geschafft hatte. Dafür hatten mich viele bewundert und sahen in mir ein Vorbild. Und jetzt saß ich bei einem Therapeuten und mir war klar: Du hast dir selbst und anderen etwas vorgemacht. Also feiert mich bitte nicht für etwas, was ich nicht bin. Mein ganzes Leben fühlte sich in dem Moment wie eine einzige Lüge an. Dabei will ich nur eines: Ich will ein Mann der Ehrlichkeit und der Wahrheit sein. Mein Drogenberater sagte, er selbst sei ein „stillgelegter Vulkan“. Vor etwa zehn Jahren habe er mit dem Rauchen aufgehört. Und dann sei er auf einer Party gewesen, habe drei oder vier Biere getrunken, als er ganz hinten in der Zimmerecke sah, wie jemand eine Zigarette drehte. „Ich war ein bisschen angesoffen, ging zu dem Typen und wollte nur mal riechen. Dann aber sagte ich zu ihm: ‚Lass mich mal versuchen, ob ich noch bauen kann.‘ Und wenn ich schon gebaut habe, dachte ich, kann ich auch rauchen.“ Und schon war er wieder drauf. Ein scheinbar erloschener Vulkan sei zum Leben erwacht. Und exakt das sagte er mir knallhart ins Gesicht: Ich müsse einfach akzeptieren, ich würde immer ein Suchtmensch bleiben.

Auch ich sei so ein „stillgelegter Vulkan“, der wieder ausbrechen könne.

Und darin liegt der Unterschied. Heute sage ich nicht mehr, ich werde nie wieder einen Rückfall haben. Stattdessen habe ich gelernt zu akzeptieren, wer und wie ich bin. Ich konsumiere zwar nicht mehr, aber die Affinität dazu ist in mir und wird es immer sein. Heute, da ich diese Zeilen schreibe, habe ich seit Monaten weder getrunken noch etwas konsumiert, stattdessen spüre ich mehr Power in mir als jemals zuvor in meinem Leben. Ich brauche nur wenige Stunden Schlaf, springe morgens aus dem Bett und schaffe es endlich wieder, das, was ich anpacke, auch ins Ziel zu bringen. Und nicht eine Baustelle nach der anderen aufzumachen und unfertig liegen zu lassen.

Die Gesprächstherapie war anfangs zwar hilfreich und ein wichtiger Schritt, reichte aber bei Weitem nicht aus. Ich beschloss, mich in einer psychiatrischen Klinik bei Hamburg stationär behandeln zu lassen. Meine Mutter war hier früher auch mal Patientin, ihr Zimmer war eine Etage unter meinem. Jetzt selbst hier zu sein, fühlte sich für mich seltsam an. Trittst du in ihre Fußstapfen?, fragte ich mich. Was tust du Susanna und deinem Kind an? Du weißt, du hast diese genetische Vorbelastung, und machst trotzdem immer wieder die gleichen Fehler, die dich hierhergebracht haben. Ich erinnere mich an eine Gesprächsrunde in der Klinik. Ich saß mit zehn anderen Patienten und unserem Therapeuten in einem Raum zusammen. Jeder sollte von sich berichten. Und dann war es so, dass ich durch die Jahre im Elbschlosskeller jedem auf den Kopf zusagen konnte, worin sein Problem lag. Ich bin ja nicht nur Wirt, irgendwie auch ein bisschen „Psychologe", weil ich es gelernt habe, mich in andere Menschen hineinzuversetzen.

Der Arzt saß daneben mit einem Funkeln in den Augen und war begeistert. Er ließ mich auch wissen, dass er mich aus dem Fernsehen kannte. Ein Sonderbonus war aber das Allerletzte, was ich hier wollte. Genau das war schließlich Teil meines Problems. Ich dachte, ich will, dass das hier funktioniert, also müsst ihr mich behandeln wie alle anderen. Mein Aufenthalt war aber ohnehin kein erfolgreiches Unterfangen. Ich blieb nur drei Tage, weil mein Arzt mich nach Hause schickte. „Sie sind doch kerngesund", sagte er, „was wollen Sie bei uns? Sie haben hier nichts zu suchen." Worauf ich meinte: „Wenn ich gesund wäre, dann wäre ich nicht hier." Mir ging es zu dem Zeitpunkt wirklich nicht gut, aber wenn ich zwei Tage Ruhe hatte und durchschlafen konnte, wirkte ich auf Außenstehende so, als wäre alles okay mit mir, was vielleicht meiner jahrelang trainierten robusten Kieznatur geschuldet ist. Ich verspürte auch keinen Suchtdruck, sprach vernünftig und war in der Lage, mich zu erklären. So gesehen hätte mich die Reaktion des Arztes nicht wundern dürfen, trotzdem war ich sauer auf ihn. Dass der Arzt sich so von Äußerlichkeiten täuschen ließ, sprach nicht für seine Kompetenz. Als er mich aus der Klinik hinauskomplimentierte, war ich dann doch auch froh, von diesem Ort wegzukommen, der unschöne Erinnerungen an meine Familiengeschichte geweckt hatte. Es war dort ohnehin nicht passend für mich.

Ich war wieder um einige Erfahrungen reicher, aber mit meinem eigenen Problem nicht weitergekommen. Gemeinsam mit Susanna überlegte ich, wo man mir helfen könnte. Wir waren uns einig:

Ich musste weg aus Hamburg, ich brauchte Distanz zu meinem Leben hier, auch und gerade zum Kiez, diesem Ort der permanenten Verführung, wo meine Süchte immer wieder getriggert wurden. Die nächste Station war eine renommierte Entgiftungsklinik in Mecklenburg-Vorpommern. Ich ließ mich dort für eine stationäre Behandlung einweisen, die dieses Mal länger dauern sollte. Ich kann nur sagen, dort fühlte ich mich von Anfang an gut aufgehoben. Ich wusste, hier bin ich richtig. Hier stellte man auch endlich eine Diagnose, was mit mir los war. Sie lautete „drogeninduzierte Psychose". Meine erste Reaktion war nicht Angst oder Schock, nein, ich dachte, ist ja interessant. Eine drogeninduzierte Psychose hatte ich bei so einigen Menschen aus meinem Umfeld erlebt, bei Mitarbeitern oder Keller-Gästen. Jetzt wusste ich, wie sich so was anfühlt. Gleichzeitig war ich erleichtert zu wissen, was mit mir nicht stimmte. Jetzt konnte ich an mir arbeiten und mich behandeln lassen.

Viereinhalb Wochen verbrachte ich in der Klinik. Einen ersten Aufenthalt von drei Wochen schloss ich erfolgreich ab, daran sollte eine zusätzliche Therapie von weiteren drei Wochen anknüpfen, die ich aber – sehr zu Susannas Enttäuschung – nach nur eineinhalb Wochen abbrach. Es war Weihnachten, und Susanna und Lennox besuchten mich in der Klinik. Ich wünschte mir einfach ein bisschen Familienzeit und wollte mit den beiden einen Spaziergang um einen See machen. Als ich das der zuständigen Stationsschwester mitteilte, sagte sie nur: „Das hätten Sie schon gestern anmelden müssen." Daraufhin wollte ich wissen, was ich mir denn hätte zuschulden kommen lassen, laut Regelwerk der Klinik wäre mir der Spaziergang nicht untersagt. Die Schwester blieb hart. Ich auch und fuhr nach Hause.

Ich hatte mich zwar freiwillig in die Therapie begeben, die Anlage war allerdings komplett abgezäunt. Wenn man rauswollte, war das nur mit Begleitung erlaubt. Insgesamt war man stärker eingeschränkt als in der Hamburger Einrichtung, wo es kein Problem war, Drogen ins Gebäude zu schmuggeln. In Hamburg hatte ich beobachten können, wie sich die Patienten Drogen bestellten. Sie liefen dann nur kurz raus zu einem nahe gelegenen Bahnhof, trafen ihren Dealer und holten sich die „Ware" ab. Ich begegnete in der Klinik einem ehemaligen Türsteher vom Kiez, der auf Entzug war. Und der war die ganze Zeit auf Kokain. Völlig absurd. In Mecklenburg-Vorpommern wäre das nicht denkbar gewesen, denn hier wurde engmaschig kontrolliert. Wir Patienten mussten regelmäßig Blut- und Urinproben abgeben. Wer sich nicht an die Regeln hielt, der flog raus. Auch der Handykonsum war reglementiert. Eine Stunde pro Tag – mehr war nicht erlaubt. So war man gezwungen, in Situationen, in denen man Leerlauf hatte, bei sich und in sich zu sein.

Das Konzept der Klinik basierte neben klaren Regeln, Geboten und Verboten auch auf einem Belohnungsprinzip. Man konnte sich durch Teilnahme an täglich neuen Angeboten Punkte verdienen. Hatte man eine Aufgabe gut erfüllt, bekam man Punkte auf sein Konto, die man zum Beispiel für eine längere Handynutzung einsetzen konnte. Mir persönlich taten neben den Gesprächen das große Sportangebot – inklusive modernen Fitnessraums – und die tiergestützte Therapie sehr gut. Man verbrachte Zeit mit einem Pferd, ritt auf ihm, fühlte das Tier, indem man sich einfach auf seinen Rücken legte, hörte in das Tier hinein, achtete auf die Atmung des Pferdes. Bei dieser Therapieform sollten wir lernen, loszulassen und jemand anders die Führung zu überlassen.

Der Entzug fiel mir auch in Mecklenburg-Vorpommern nicht schwer. Ich hatte keinen Suchtdruck, wusste mittlerweile, dass es bei mir eine psychische Geschichte war, keine körperliche. Ich trank und nahm Drogen, um zu verdrängen und zu flüchten.

Körperlich hatte ich also null Probleme. Ich schlief auch dieses Mal wieder zwei bis drei Tage durch. Gegen die anfänglichen Schlafprobleme gab man mir abends eine Schlaftablette, die aber nur beruhigend wirkte und nach kurzer Zeit abgesetzt werden konnte. Anschließend musste ich keine weiteren Medikamente einnehmen. Ich spürte keine der typischen Entzugserscheinungen, ich schwitzte nicht, ich schlief nicht beschissen, ich zitterte nicht durch die Gegend, hatte keine Depression.

Ein tägliches Ritual in der Entzugsphase war die sogenannte Morgenrunde, in der jeder Patient sich selbst beschreiben sollte. „Morgen, ich bin Daniel, 35, komme aus

Hamburg, mein Hobby ist so und so, das mache ich beruflich (konnte jeder sagen, musste man aber nicht), ich habe heute keinen Suchtdruck, mir geht es blendend." Dann war der Nächste dran. Jeden Morgen. Ich verspürte nicht ein einziges Mal Suchtdruck, anderen aus meiner Gruppe ging es schlechter. Manche saßen jeden Morgen aufs Neue zitternd auf ihrem Stuhl.

In Mecklenburg-Vorpommern lernte ich interessante Menschen kennen. In vielen Fällen waren es schlimme Schicksalsschläge, die sie hierhergebracht hatten. Ein Patient erzählte davon, wie er als Jugendlicher unter Ecstasy gesetzt und vergewaltigt worden war. Später entwickelte er eine Affinität und Sucht zu genau dieser Droge. Oder es gab einen jungen Bengel, 21 Jahre alt, ein plietsches Kerlchen, der aus der Menge herausstach. Er hatte auf tragische Weise seine Freundin verloren und kam damit nicht klar. Dadurch war er in die Sucht gerutscht. Mich interessierten die Geschichten der anderen. Ich wollte wissen, warum sie in der Klinik gelandet waren. Ich fragte sie alle: Wer seid ihr? Wer wart ihr? Wo wollt ihr hin? Und warum ist das so, warum bist du der geworden, der du bist?

Auch in dieser Klinik fühlte ich mich ein bisschen wie im Elbschlosskeller: So wie ich dort meine Gäste seit Jahren betreute, nahm ich hier in der Klinik eine ähnliche Rolle ein. Ob Keller-Gäste oder Mitpatienten, letztlich waren sie alle auf der Suche nach Heil und Heilung, wünschten sich eine Familie oder eine Gemeinschaft, die sie auffängt. Ich weiß selbst, wie abgehoben es klingt, das zu sagen, aber ich hatte – unbewusst und ohne es darauf anzulegen – nach nur einer Woche die Meute im Griff. Wir lebten wie in einer Art

Kommune und waren ständig zusammen. Innerhalb dieser Gemeinschaft wurde ich für die anderen ein Ansprechpartner, ihr Rädelsführer, der Kapitän, dem sie intimere Details aus ihren Leben anvertrauten als unseren Therapeuten. Wir unternahmen regelmäßig Waldspaziergänge. Einmal kam einer aus der Gruppe an meine Seite, der dadurch auffiel, dass ein Hakenkreuz auf seinem Unterarm tätowiert war. Während er neben mir herlief, fing er an zu reden. Er war ein Liquid-Ecstasy-Abhängiger mit dem Restless-Legs-Syndrom – schmerzende Beine mit einem unkontrollierbaren Bewegungsdrang – und hatte versucht, sich das Leben zu nehmen. Das demonstrierte er mir drastisch, als er fast schon stolz grinsend sein T-Shirt hob und eine circa vierzig Zentimeter lange Narbe quer über seinen Oberkörper zeigte. Er sagte, er sei kein Nazi mehr, das gehöre der Vergangenheit an, auch wenn er noch das Hakenkreuz auf seiner Haut trug. Ich erfuhr von seiner Kindheit in der DDR und wie ihn ein Unternehmer, der nach der Wende aus dem Westen gekommen war, als Kind unter Drogen gesetzt und vergewaltigt hatte, wie sein Vater von dem Täter Schweigegeld kassierte, anstatt ihn anzuzeigen, und einiges mehr, was ich nicht wiedergeben möchte. Alles das, sagte er, habe er in seinem ganzen Leben noch nie jemandem erzählt. Ich konnte nur zuhören, mehr erwartete er aber auch nicht.

Im übertragenen Sinn nahm ich die anderen an die Hand, und sie liefen mit, eiferten mir nach – weil ich selbst keine Geheimnisse um mich machte, denke ich. Und ja, ich fühlte mich auch wohl in dieser Rolle. Den anderen ein gutes Gefühl zu geben, tat mir selbst gut. Ich musste daran denken, dass meine Englischlehrerin früher sagte: „Unter den Blinden ist der Einäugige König." Das war ich: einäugig. Ich war nicht so krank wie die anderen, aber noch längst nicht gesund.

Es gab immer wieder Momente, die mir zeigten, dass es einen Grund gab, warum ich in dieser Klinik war. Ich war bereits seit zwei Wochen nüchtern, hatte gute, therapeutische Gespräche geführt, wurde jeden Tag fitter, hatte einen guten Schlafrhythmus. Ich machte viel Sport, ging häufig auf den Basketballplatz, der zum Klinikgelände gehörte. Während ich allein auf einer Bank am Rand saß und noch darüber nachdachte, ob ich gerade Lust auf Basketball hätte, sah ich wenige Meter entfernt einen Basketball auf mich zurollen. Ich stand auf, um ihn zu holen. Und als ich vor ihm stand, erkannte ich, es war kein Ball, sondern ein Terrakottatopf in einem ähnlichen Farbton. Es war aber keine optische Täuschung gewesen, ich war fest davon überzeugt, ich hätte den Ball rollend gesehen. Und das, obwohl ich schon seit zwei Wochen clean war. Ich schaute links um die Ecke und rechts um die Ecke, ob der Ball dahintergerollt war. Da wurde mir bewusst: Alles klar, du hast diese drogeninduzierte Psychose, du hast tatsächlich Dinge gesehen, gehört und empfunden, die es so nicht gab, auch wenn du zu hundert Prozent davon überzeugt warst, dass sie real sind. Diese Situation war nur eine von vielen anderen, in denen ich Dinge sah oder wahrnahm, die nicht existent waren. Wie oft hatte ich mich in den letzten Monaten mit Susanna gestritten, wenn sie zu mir sagte: „Das bildest du dir alles ein, Daniel, das ist nicht echt!" Und ich hatte es nicht geglaubt. Und jetzt stand ich hier am Rand des Basketballfeldes vor diesem Terrakottatopf und dachte, Mensch, was hast du Susanna nur alles angetan, sie hatte so recht.

Neben den verschiedenen Therapieformen unternahm ich in Mecklenburg-Vorpommern eigenständige Versuche, um wieder runterzukommen, um wieder zu mir selbst zu finden. Ich wollte mich spüren, nahm mir Zeit für mich selbst, beschäftigte mich mit Spiritualität, las viel über Heilung, unter anderem das Buch einer befreundeten Schamanin, in der sie über Reinigungsrituale schrieb, die ich einem Alltagstest unterzog. Für mich war dieser ganze Aufenthalt ja ein Reinigungsprozess. Ich lag in der Badewanne, ließ das heiße Wasser über meinen Körper laufen, wusch mich ganz bewusst und sprach mit dem Wasser. Ich sagte, es solle den ganzen Mist von mir wegnehmen, den Schmutz wegspülen, und das funktionierte tatsächlich. Ich war mein Leben lang ein spiritueller Mensch und habe schon mehrfach erfahren, dass es Kräfte gibt, die sich mit Worten nicht beschreiben lassen. Man muss offen für sie sein, und das war ich damals in der Klinik mehr als je zuvor. Mir hatte einer der Angestellten der Klinik übrigens erzählt, dass in genau dieser Badewanne schon jemand ertrunken war, weshalb man sie eingekürzt hatte. War ganz schön heftig, sich da bewusst hineinzulegen.

Im Januar 2020 verließ ich die Klinik in einem besseren Zustand als bei meiner Ankunft. Ich war wieder ein gutes Stück weiter in meinem Heilungsprozess, aber noch immer nicht am Ende – wenn es denn jemals ein Ende geben wird, was ich gar nicht mehr glaube. Bald schon ging ich in die USA – das war der komplette Rückzug aus meinem alten Leben –, um mich zu rebooten, zu rechargen.

Ohne die Zeit in Amerika wäre unser Verein „Wer wenn nicht wir“ vielleicht gar nicht entstanden.

6 | Station No. 3: In Susis Show Bar mit Frank Hoffmann, dem einzigartigen Kiezpastor

Susis Show Bar ist weit über Hamburg hinaus berühmt für Tabledance, ein Laden mit Stil, eines der besseren Etablissements auf dem Kiez. Direkt am Beatles-Platz gelegen, am Eingang zur Großen Freiheit, wurde unter der Leitung der namensgebenden Susi Ritsch und ihres Mannes Heinz schon seit Ende der Siebzigerjahre gestrippt und getanzt. Die beiden sind selbst echte Kiezinstitutionen. Ich hatte mal eine Freundin, die bei Susis als Stripperin gearbeitet hat. Ist aber lange her, das war Jahre bevor ich Susanna kennenlernte. Das allein wäre noch kein Grund, dass es Susis Show Bar auf meine Kiezroadmap geschafft hat. Normalerweise räkeln sich die Damen an den Stripstangen, im Hintergrund, an den Wänden, sieht man erotische Darstellungen, während sich die Gäste auf arenaförmig arrangierten Ledersofas lümmeln.

Und dann findet hier gelegentlich etwas statt, was man kaum vermuten würde: Gottesdienste! Frank Hoffmann, der – für mich – <u>echte</u> Kiezpastor, hält im Stripclub regelmäßig seine Messen ab. Dann heißt es heilige Worte und Segensspendung statt Titten und Tabledance. Für mich ist

Frank eine entscheidende Figur auf St. Pauli, einer, der seit Jahren auf Mission ist – im Nachtleben und im Rotlichtmilieu, ohne dass er missionieren will. Er nervt niemanden, ein aufdringliches „Bekehrenwollen“ ist nicht seine Art. Stattdessen ist er ein Helfer, der einem die Hand reicht, der sich für nichts zu schade ist und keine Berührungsängste kennt. Frank, der Pastor, ist einfach da, hat immer ein offenes Ohr. Manchmal trifft man ihn zu später Stunde in irgendeiner versteckten, verdreckten Ecke, wo er neben einem Obdachlosen auf dem Boden hockt und mit ihm ein intensives Gespräch führt. Oder man findet ihn in einer der Spelunken, wo er sich die Geschichte einer Prostituierten anhört. Für mich ist auch er ein Robin Hood des Viertels, ein Streetworker der anderen Art. Und was mir besonders gefällt, er hat den Elbschlosskeller, die Gäste und die Angestellten gesegnet, das fühlt sich für mich fast schon an wie heiliggesprochen.

Frank Hoffmann, 52 Jahre alt

Kiezpastor

„Die Menschen aus dem Milieu, dem Rotlicht, sind auf eine gewisse Art offener, ehrlicher als die, die sonntags in die Kirche gehen. Sie stehen zu dem, wer sie sind, und müssen keine ‚bürgerliche saubere Fassade' aufbauen."

Vom Beruf her mache ich ursprünglich was ganz anderes: Ich bin Designer. Gebürtig in Düsseldorf, studierte ich in Wuppertal Kommunikationsdesign, hatte aber noch während des Studiums ein – ich nenne es mal – klassisches Erweckungserlebnis. Ich entdeckte die Bibel für mich und las zum ersten Mal in meinem Leben von Jesus. Mir wurde schnell klar: Wow, ich brauche diesen Christus. Ich war so fasziniert, dass ich auch andere ansteckte. Andere Menschen für den Glauben zu begeistern, ohne dass ich mich als Missionar oder so etwas in der Art gesehen habe, ist eine Gabe. Während ich weiterhin als Designer in verschiedenen Agenturen arbeitete, fand ich meine geistliche Heimat in einer Freikirche und bin jetzt seit einigen Jahren Pastor. Auch wenn ich die Designwelt weiterhin liebe und meinen Job gerne ausübe, so sehe ich meine wahre Berufung in Jesus. Mein Beruf führte mich nach Hamburg, wo ich einen Auftrag angenommen hatte. Von da an zog es mich immer wieder hierher. In den 2000er-Jahren bis 2010 engagierte ich mich in der Obdachlosenarbeit, kümmerte mich seelsorgerisch und sozialarbeitend um die Junkies am Hamburger Hauptbahnhof und in der Schanze, dem heutigen Szeneviertel, das damals noch Drogengebiet war. Später kämpfte ich zusammen mit einem katholischen Diakon an der Front auf St. Pauli. Wir veranstalten zum Beispiel Glaubenskurse mit den Obdachlosen.

Ein Wort zu den Freikirchen: Die meisten haben ihre Wurzeln in der Reformation, der protestantischen und somit evangelischen Glaubensrichtung, im Unterschied zur Amtskirche finanzieren sie sich selbst. Ein Merkmal sind die Glaubenstaufen, das bedeutet, bei uns werden nicht Säuglinge getauft, sondern Menschen im Erwachsenenalter, die sich zum Glauben an Christus berufen fühlen. Sie entscheiden sich bewusst für die Kirche.

Meine Gemeinde war früher im schleswig-holsteinischen Gebiet angesiedelt. Bis März 2022 war ich dort teilangestellt. Wenn ich nach St. Pauli kam, machte ich das als Privatier. Zurzeit verlege ich meine Existenz nach Hamburg. Ich habe das Gefühl, ich gehöre hierhin. Ich kann auch nur wirklich etwas für die Menschen auf St. Pauli tun, wenn ich ein Stück weit dazugehöre. Sonst akzeptieren sie dich nicht.

Am Anfang ging ich über den Kiez und sprach die Leute einfach an, stellte mich als Pastor vor und sagte, wofür ich stehe. Seitdem bin ich überall da, wo ich gebraucht werde. Ich bete mit den Transvestiten, die in der Schmuckstraße anschaffen. Ich sitze mit den Türstehern zusammen und höre von ihren Drogenproblemen. Neulich lernte ich einen kennen, der mich demnächst in seinem Boxkeller trainieren will, auch das werde ich mitmachen. Ich habe erkannt, hier kannst du nicht sagen: „Ich bin der, der euch das Heil bringt." Das ist den meisten ohnehin egal. Ich muss mich mit den Menschen auf ihrem Kiez bewegen, und wenn ich das tue, kommen auch Fragen an mich als Pastor. So entstehen gute Beziehungen und im besten Fall Freundschaften. Einmal traf ich einen Türsteher, einen echt harten Kiezianer, der völlig fertig war: „Mir geht's gerade dreckig. Vor einer Stunde hab ich gesagt: ‚Gott, gib mir ein Zeichen.'

Und jetzt kommst du." So etwas erlebe ich immer wieder: Dass ich in etwas hineinstolpere, woraus sich etwas ergibt. Wir beteten zusammen. Später besuchte ich ihn zu Hause, und er erzählte mir von Schulden, die ihn erdrückten. Auch da konnte ich ihn unterstützen, indem ich ein vermittelndes Gespräch mit seinen Gläubigern initiierte. Auf diese Weise entsteht Vertrauen zwischen Menschen. Oder wenn einer sagt, er brauche dringend Kohle, er habe nichts zu essen, helfe ich ihm natürlich mit ein bisschen Geld. Natürlich stoße ich auch immer wieder auf Skepsis: „Dein Glaube, dieser Jesus, interessiert mich nicht, aber mit dir als Typ kann ich was anfangen." Dann wechsele ich schnell das Thema. Nur wenige Male wurde es brenzlig für mich. Die Türsteher haben immer Druck, die werden von allen Seiten angemacht. Ich hatte einem nur an die Schulter gefasst, da sagte sein Blick mir, lass sofort los, sonst kriegst du gleich eins auf die Fresse. In dem Moment hatte ich eine Grenze überschritten. Für solche Situationen – den Menschen nicht zu nahe zu kommen, die das nicht wollen – musste ich erst das Gespür entwickeln.

Manchmal bin ich selbst nach so langer Zeit immer noch erstaunt darüber, wie viel mehr Offenheit und Ehrlichkeit auf dem Kiez herrscht als in manchen Kirchen. Das behaupte ich jetzt mal so frech.

Von den vielen Biografien, die mir im Laufe der Jahre begegneten, muss ich an eine immer wieder denken. Es ist die Geschichte eines Obdachlosen, der mir erzählte, dass er früher ein christliches Leben geführt habe. Er hatte einen moralischen Fehler begangen und dadurch die Unterstützung seines Umfelds verloren. Auch konnte er sich selbst nicht verzeihen. Seitdem war er ein Ausgestoßener. Er ertränkte seine Schuldgefühle in Alkohol, fing an, harte Drogen zu nehmen, verlor nach und nach alles, Partnerin, Freunde, Gemeinde, Job, und landete auf der Straße. Nach Jahren im Elend war er mehr tot als lebendig, der Kaputteste von allen – in diesem Zustand gabelte ich ihn eines Tages auf der Straße auf. Er zitterte so sehr am ganzen Körper, dass ihn die anderen Obdachlosen festhalten mussten, damit er sich den Wodka in den Hals schütten konnte, um den Tremor loszuwerden. Ich erzählte ihm von Christus. „Das kenne ich alles schon", winkte er ab, „aber ich habe meinen Glauben verloren, so wie alles andere auch." Er hatte sich irgendwann aufgegeben, weil er glaubte, dass Gott ihn verlassen habe und dass sein Elend Gottes Strafe für seine Sünden und für sein Versagen sei. Ich ging mit ihm in einen Keller und wir beteten. Er wollte endlich wieder clean werden. Ich half ihm, Menschen zu finden, die ihn aufnahmen, und er machte einen Entzug. Für ein paar Wochen schaffte er es, das Trinken sein zu lassen, doch er wurde rückfällig. Es folgte die nächste Therapie, die brach er ab. So ging es weiter. Immer neue Versuche, neue Versprechungen, jetzt schaffe ich es, und wieder Rückschläge. Deshalb entschied ich mich, ihn für eine Weile in meiner eigenen Wohnung aufzunehmen. So konnte er einen Freund an seiner Seite haben und er half mir bei meiner Arbeit. Das war ein Risiko, eigentlich macht man so etwas nicht, heißt es, aber es hat ihn letzten Endes entscheidend stabilisiert. Er benötigte Nähe und Freundschaft und keine Korrektur. Nach einer Reihe weiterer Aufs und Abs wurde er dann über Jahre hinweg immer stabiler. Heute ist er verheiratet und arbeitet ehrenamtlich in einer kirchlichen Gemeinde mit.

Ich habe gelernt, nicht immer gibt es ein Happy End, aber man muss es wenigstens versuchen. Bei dem einen klappt es, bei dem anderen nicht. In dieser Zeit machte ich richtig Sozialarbeit mit den Junkies. Das war eine harte Zeit, auch für mich. Seit Jahren bin ich jetzt an jedem Mittwoch und Freitag auf dem Kiez unterwegs. Meistens von 20 Uhr bis 23 Uhr, oft auch länger. Mittlerweile kennen mich die St. Paulianer und ich muss mich nicht mehr erklären. Ich wiederum kenne das Viertel bis in seine versteckten Winkel.

Susis Show Bar ist so etwas wie meine Homebase. Die Idee, überhaupt in einer Stripbar Gottesdienste abzuhalten, hatte ich schon vor mehr als zehn Jahren. Bis es klappte und ich alle Beteiligten überzeugen konnte, dauerte es noch eine Weile. Es fing damit an, dass mich immer wieder die Frauen und Türsteher von den Stripteaseläden anquatschten und mir Fragen stellten. Die haben ja auch mal frei, dachte ich, und wenn sie nicht arbeiten, möchte ich mit ihnen einen Gottesdienst veranstalten. Ich sagte zum Türsteher von Susis Show Bar: „Ich möchte bei euch rein!“ Er: „Musst du den Geschäftsführer fragen.“ Ein paar Wochen später radelte der an mir vorbei und ich hielt ihn an: „Wenn ihr geschlossen habt, will ich Gottesdienst machen.“ Ich dachte, der zeigt mir einen Vogel. Stattdessen: „Okay! Aber dann müssen wir unsere Sauerei ja vorher aufräumen.“ Es dauerte dann noch ein weiteres Jahr. Für die erste Messe bei Susis trommelte ich ein Team aus verschiedenen Kirchen zusammen, weil ich möglichst viele Menschen ansprechen wollte. Wir stellten auch ein musikalisches Programm zusammen, richtig gute rockige Musik – und schon beim ersten Mal war die Hütte voll. Einige kamen aus Überzeugung, die meisten anfangs aus Neugier. Über die ganze Zeit betrachtet, kamen viele Leute aus dem Milieu in die verschiedenen Veranstaltungen, die ich abhalten konnte. Stripperinnen und Prostituierte, die Transvestiten aus der Schmuckstraße,

Luden und Wirte, alles, was der Kiez, dieser „crowded Haufen“ von Sozioökonomie, aufzubieten hatte.

Eines Tages tauchte auch Daniel bei meinem Gottesdienst auf.

An dem Tag lernte ich ihn kennen, in der Folge sind wir uns oft – auch zufällig – begegnet und wurden schließlich Freunde. Daniel hat mich gefragt, ob ich demnächst auch mal im Elbschlosskeller einen Gottesdienst abhalten möchte. Daran arbeiten wir jetzt.

***

Mein Onkel, ein praktizierender Christ, sprach mich an, ob ich Lust hätte, zu einem Gottesdienst mitzukommen. Ich war gerade gar nicht in der Stimmung für so eine Veranstaltung: „Nee, kein Bedarf.“ Aber als er sagte: „Der findet in Susis Show Bar statt“, wurde ich hellhörig und dachte, na, schau ich mir doch mal an. Ich muss zugeben, ich war beeindruckt. Was Frank bei Susis auf die Beine stellte, hatte mit einem Gottesdienst im üblichen Sinn nur wenig zu tun, stattdessen lieferten er und seine Mitstreiter eine richtig gute Show ab. Bei meinem ersten Besuch damals trat ein Gospelchor aus Haiti auf und rockte den Laden. An diesem Tag kam ich mit Frank ins Sabbeln. Von da an trafen wir uns immer wieder. Ich erfuhr von seiner Mission, wie er seit Jahren über den Kiez lief und überall guckte, was er tun und wie er helfen konnte. Seine Art, den Glauben zu leben, gefiel mir, und Frank löste genauso wie bei vielen anderen Menschen, die er trifft, auch in mir etwas aus. Ich hatte eine Begegnung mit ihm, als es mir sehr schlecht ging. Wir saßen in der Meuterei und ich erzählte ihm, was mit mir los war. Und dann taten wir etwas, was ich damals im ersten Moment, als Frank den Vorschlag machte, für völlig verrückt hielt, was aber bei genauerer Überlegung genau das Richtige war: Wir beteten zusammen für Menschen, die mir nicht guttaten, solche, die sich immer dann besser fühlten, wenn es mir besonders schlecht ging, ohne dass es ihnen bewusst war. Ich hatte ihnen selbst diese Macht über mich gegeben und wollte mir und ihnen verzeihen, um mich wieder auf mich konzentrieren zu können.

Wenn ich heute daran zurückdenke, war das der Tag, an dem ich zum Christen wurde. Zu sagen, ich sei konvertiert, wäre das falsche Wort, aber ich fasste den bewussten Entschluss, Christ zu sein, aus Überzeugung von der Botschaft Jesu. Diese Entscheidung habe ich nie bereut, sie hat mich gekräftigt und geschützt. Vieles, was ich bis dahin nicht verstanden hatte, ergab für mich auf einmal Sinn. Gläubig war ich in gewisser Weise mehr oder weniger schon mein Leben lang. Und dass ich ein spiritueller Mensch bin, erwähnte ich schon. Den Draht nach oben, den hatte ich also vorher schon. Aber ich hatte den christlichen Glauben als solchen nicht für mich angenommen. Wie soll ich es in Worte fassen, ohne dass es kitschig wirkt? Vielleicht so: Ich mag den Gedanken, dass es eine höhere Instanz gibt, der Geist Jesus', der alle Sünden und alle Last von uns nehmen kann, weil er es damals schon getan hat. Genau darin besteht für mich der Kern seiner Botschaft: Kommt zu mir. Glaubt an mich. Erkennt mich als euren Herren an und euch wird vergeben. Mich persönlich macht der Glaube zu einem besseren Menschen, weil er mir Kraft gibt und hilft, Verführungen gegenüber standhaft zu bleiben. Das zumindest ist der gute Vorsatz.

7 | Station No. 4: Alles andere als ein Engel im Sexy Angel

Noch mal zurück auf Anfang, zum Elbschlosskeller. Als ich auf dem Kiez anfing, galt der Hamburger Berg noch als eine Straße, die allgemein gefürchtet wurde. Der Elbschlosskeller und sein Pendant auf der anderen Straßenseite, Zum Goldenen Handschuh, hatten aufgrund ihrer Klientel auf Leute von auswärts eine abschreckende Wirkung. Damals verirrten sich nur echte St. Paulianer in unsere Seitenstraße, die noch eine Menge weiterer Kiezläden zu bieten hat. Ein Stück weiter runter, weg von der Reeperbahn, findet man Rosis Bar, noch so eine absolute Institution. Die Besitzerin, Rosi, ist mittlerweile über achtzig und auch eine Kiezgöre, die unser Viertel mitgeprägt hat, schon allein dadurch, dass sie so lange dabei ist. Ich kenne sie als eine herzenswarme Dame. Dann gibt es eine weitere Kultbar, das Hotel Hongkong, ist auch immer gut besucht. Beide Läden – das Rosis und das Hongkong – stehen weniger in dem Ruf, so schlimm und schmutzig wie Keller oder Handschuh zu sein.

Der Hamburger Berg wurde also von den „Normalbürgern" weitestgehend gemieden, bis vor etwa fünfzehn Jahren ein paar Kneipen – wie die Villa Kunterbunt, das Kumpelino und das Lucky Star – damit anfingen, ihren

Kundenkreis zu erweitern, indem sie günstigen Mexikaner verkauften. Für ganz schmales Geld, 50 Cent für den Schnaps auf Tomatenbasis, eine Art Bloody Mary für Harte, lockten sie Studenten in unsere Straße und hatten großen Anteil daran, den Hamburger Berg so populär zu machen, wie er heute ist. Auf einmal standen an den Wochenenden neben den bisherigen Kunden – Arbeiter, Säufer, die typischen Kneipengänger – auch Trauben von jungen Leuten auf der Straße herum. Eine ganz neue Mischung an Menschen auf dem Kiez. Das Partyvolk ist geblieben, einige der Läden sind verschwunden, darunter die drei kleinen Kaschemmen, die den Mexikaner einführten. Sie befanden sich in einem Gebäude, über das man, solange ich auf dem Kiez war, immer schon munkelte: Das kommt bald weg, spätestens nächstes Jahr ist es so weit. Passiert war jahrelang nichts, aber dann kam tatsächlich eines Tages der Abrissbagger. Und jetzt steht dort ein Neubau, der überhaupt nicht zum Hamburger Berg passt, eine Katastrophe für unsere Straße. Gentrifizierung pur, ein absoluter Mistbau. Nach wie vor steht das Ding leer. Zwei gastronomische Betriebe sollten rein, Studentenwohnungen waren geplant. Aber die Bauherren stolperten von einer Panne in die nächste. Als das Gebäude endlich fertig war und man hätte eröffnen können, stellte man fest, dass es keinen Stromanschluss gab.

Heutzutage zählt der Hamburger Berg mit der Großen Freiheit zu den bestbesuchten Straßen auf dem Kiez. Bei uns findet man trotz einiger Bausünden immer noch die meisten Läden, die mehr oder weniger genauso aussehen wie vor dreißig oder vierzig Jahren und die heute noch von den alteingesessenen Besitzern geführt werden. Wenn man den alten Kiezflair sucht, findet man ihn hier am ehesten.

Zwei Ureinwohner des Hamburger Bergs sind für mich auch die bereits erwähnten Inge und Jackie. Inge gilt als die Heldin aus der TV-Doku *Der Penny-Markt auf der Reeperbahn*, ein Mehrteiler, der den Discounter auf der Reeperbahn und seine Kunden porträtiert und durchs Internet zum Kult wurde. Inge und Jackie sind ein eingeschworenes Team, haben die meiste Zeit des Jahres ihr Bettenlager vorm Kentucky Fried Chicken, Ecke Hamburger Berg/Reeperbahn aufgeschlagen. Da machen sie seit ewigen Zeiten Platte. Irgendwie sind sie immer da. Du hast sie lange nicht gesehen, denkst an sie, drehst dich um, und da stehen die beiden. Jackie besitzt einen Hund, der immer dabei ist, Hoffmann heißt er und hat lustigerweise immer die gleiche Haarfarbe wie Jackie. Jetzt, wo Inge etwas klappriger wird, kümmert sich Jackie vermehrt um sie und beschützt sie. Vor Inge haben trotzdem alle auf dem Kiez Respekt, sie hat die härteste und raueste Stimme, die man sich vorstellen kann. Was ich an Inge immer mochte, diese Frau ist eine Wundertüte, immer für eine Überraschung gut. Ich hatte vor vielen Jahren mal einen Mercedes – meinen allerersten – geschossen, für nur 2500 Euro. Er hatte noch so einen richtigen Mercedesstern vorne auf dem Kühler. Sah superchic aus. Ich fuhr voller Stolz mit meinem Wagen über den Kiez. Inge sah mich und pöbelte mich an: „Scheiß Mercedes!“ Dann parkte ich direkt vorm Elbschlosskeller und begann meine Schicht. Später erschien Inge im Keller. Kommt zur Theke, knallt den Mercedesstern auf den Tresen, dreht sich um und pöbelt: „Scheiß Bonzenkarre!“ So ist Inge. Ich war sauer, aber was sollte ich tun? Inge kann den Leuten mächtig auf den Zeiger gehen, die macht jeden fertig. Sie macht es einem nicht leicht zu erkennen, dass sie in Wirklichkeit ein weiches Herz hat. Mit dem Alter ist Inge aber auch etwas milder geworden.

Wenn man vor dem Elbschlosskeller nach schräg links schaut, vorbei am KFC (vor dem sich neben Inge und Jackie auch andere Obdachlose ihr Zuhause eingerichtet haben) auf die andere Straßenseite der Reeperbahn, dann sieht man große blaue Neonlichter mit einer lila Schrift, das Sexy Angel, eines der bekanntesten und größten Pornokinos auf St. Pauli. Für Heteros und Gays, ein Ort für alle Gelüste. Und was es hier zu kaufen gibt, übersteigt jede Phantasie. Man fragt sich, wer kauft das alles? Und dann gehe ich über die Reeperbahn und finde die Antwort. Da schlendert regelmäßig ein Dauersklave über den Kiez, der will gesehen werden als Sklave. Er – groß und schlank, fast schon dürr – trägt nämlich immer knallenge Leggings, unter denen sich sein „Cockkäfig“ abzeichnet, ein Keuschheitsutensil. Man erkennt aus zehn Metern Entfernung, dass er da unten ein Metallgitter trägt, das seinen Pimmel einschließt. Und dabei trägt der Typ links und rechts eine Tüte mit seinen Einkäufen aus dem Supermarkt, als wäre es das Normalste der Welt, in dieser Aufmachung durch die Gegend zu laufen. Ist es vielleicht auch, für ihn allemal. Aber ich finde es witzig und denke jedes Mal, wenn ich ihm begegne: Mutig ist er ja. Kann sein, dass der Sklave Manu gehört, meiner „Quasistiefmutter“, der Domina in der Herbertstraße. Ich muss sie mal fragen, ob sie ihn kennt.

Nachdem ich im vorherigen Kapitel von meinen christlichen Tugenden berichtet habe, will ich meine Sünden, in dem Fall meine Jugendsünden, nicht verschweigen. Und dabei spielt das Sexy Angel eine Rolle. Mit achtzehn bin ich zum ersten Mal da rein bzw. runter in den Keller, und seitdem immer wieder, wenn ich wilde Sau spielen wollte. Im Erdgeschoss werden Pornos und Sextoys verkauft, im Keller geht es zur Sache. Wer nach unten will, der gibt dem Typen an der Theke (er steht da schon ewig, ein feiner Kerl, old-school, hundert Prozent diskret) ein Zeichen. Er bedient dann den „Kerkerknopf" direkt unter dem Tresen. Daraufhin ertönt ein lautes Summen und hinten im Laden öffnet sich ein fetter Eisenverschlag, dahinter führt eine Treppe in die Kellerräume, ein Labyrinth der Lust, na ja, das klingt sehr romantisch. Tatsächlich sind es schmale Gänge, an die sich Wichskabinen reihen, jede mit einem Monitor, auf dem man sich je nach Geschmack einen Porno einstellen kann. Im Zentrum des Kellers gibt es einen besonderen Raum, ich nenne ihn den „Kerkerraum", in dem ich mit meiner damaligen Freundin, in unserer ersten, sexgeilen Zeit, mal gelandet bin. Ein anderes Mal waren wir in einer der Kabinen zugange, und was wir damals zuerst nicht wussten, weil wir vor lauter Lust nicht darauf achteten: Der Raum war rundherum mit Gucklöchern ausgestattet. Während wir im Doggystyle Sex hatten, beobachteten uns von allen Seiten wichsende Spanner. Im ersten Moment war ich erschrocken, dann dachte ich, jetzt ist es eh zu spät, und wenn ich jetzt aufhöre, verderbe ich nicht nur meiner Partnerin und mir, sondern auch unseren Zuschauern den Spaß. Ich beschloss, für uns alle weiterzuficken.

Meine Zeit des Wilde-Sau-Spielens in einem Pornoshop ist lange vorbei, aber Läden wie das Sexy Angel sind nach wie vor ein Teil von St. Pauli, sie gehören zum Kiez und haben ihre Berechtigung. Eine weitere Geschichte, die im Sexy Angel stattfand, ist mir noch in Erinnerung: Ich war sehr jung, druff, schon drei Tage wach und auf dem Weg zu einem Sexdate. Da es auf dem Weg lag, dachte ich, ich schau vorher noch kurz ins Sexy Angel rein, ob ich da was für mein Date kaufen kann. Ich war völlig euphorisch, wie ein kleines Kind im Bonbonladen, ohhhh, ich kann mir jetzt hier Sachen aussuchen, gleich geht es richtig rund. Kurzum, ich war völlig durch den Wind, spät dran und eigentlich schon zu fertig, damit es eine halbwegs gute Nummer wird. Ich wollte den Pornoladen gerade betreten, in dem Moment sehe ich, wie wenige Meter von mir entfernt eine Frau aus einem Taxi aussteigt. Eine absolute Hammerfrau, eine Eins plus mit Sternchen, mehr geht nicht. High-End-Level. Herz, Kopf, mein Lümmel – alle machten ohhhh. Wer ist sie?, war mein einziger Gedanke. Mein Date spielte schon keine Rolle mehr. Und dann kam diese Frau auf mich zu und lief an mir vorbei ins Sexy Angel. Ich, total durcheinander, folgte ihr. Das ist krass, dachte ich, die muss zum Kiez gehören, was will sie sonst hier? Will sie einen Porno kaufen? Geht die ackern? Sitzt die im Fenster? Oder arbeitet sie hier? Weil sie schnurstracks weiterging, als ob sie sich auskannte. Die Frau lief nach hinten und stand vor der Tür zum Keller. Dann verschwand sie in den Katakomben. Heute ist mein Glückstag, dachte ich. Ich fragte den Verkäufer: „Sag mal, wer ist diese Schönheit, was macht die hier?“ Die komme einmal im Monat vorbei, immer mit einem Taxi, meinte er, sie sei jedes Mal gut und teuer gekleidet, eine Toperscheinung, Businesslook, komme immer zur gleichen Tageszeit. „Die verschwindet wohl aus dem Büro“, sagte der Typ am Verkaufstresen. „Und sie geht nach unten?“, fragte ich. „Was macht sie da?“ Und er: „Soweit ich weiß, lutscht sie Schwänze. Ficken ist nicht, aber wenn du einen gelutscht haben willst, geh runter. Nicht gegen Bezahlung, Geld braucht sie keins. Vielleicht hat die sogar den tollsten Kerl zu Hause und ein Kind, was weiß ich. Ich weiß nur, was sie hier treibt.“ Jetzt war ich total verunsichert. Ich musste schon längst los zu meinem Date, aber konnte ich mir diese Traumfrau entgehen lassen, die da unten lutschte? Ich wollte beide haben, musste mich aber entscheiden und fuhr zu meiner Verabredung, weil ich das Marathongeficke (inkl. Frühstück am nächsten Morgen) einem kurzen Blowjob im Keller dann doch vorzog. Man sieht sich immer zweimal, dachte ich, als ich ging. Aber leider bin ich ihr nie wieder begegnet.

Früher waren die Möglichkeiten, Livesex auf dem Kiez zu finden, vielseitiger – und unterhaltsamer – als heute. Und ich meine jetzt nicht Sex in Pornokinos oder das Rotlichtmilieu. Die Rede ist von Livesex auf der Bühne! Livesex als Kunstform. Die Locations dafür machten nach und nach zu. Mittlerweile sind es das Salambo, das Colibri und das Safari, das letzte „Live-Sex-Cabaret“ Deutschlands. Das Safari war einer der Läden, der den alten Kiez ausgemacht hat. Viermal am Abend waren Livesexshows auf der Bühne zu sehen, an sechs Tagen in der Woche. Ich wurde mal aus dem Safari rausgeschmissen, als ich um die zwanzig war, weil ich wichsend im Publikum saß. Das soll man ja nicht machen, aber ich war allein, jung, geil und nicht nüchtern und hatte den Lümmel rausgeholt. Was nicht unentdeckt blieb. Das Witzige war, auf einmal wurde das Rampenlicht von der Bühne weg – und auf mich gerichtet. Plötzlich starrten mich alle an und man forderte mich auf, doch zügig die Räumlichkeiten zu verlassen.

Vor zehn Jahren war Schluss mit dem Safari, nur der Name blieb bestehen, als aus dem Laden ein „Bierdorf“ wurde. Auch das mag seine Daseinsberechtigung haben, aber es ist eben nicht mehr dasselbe. Nach der Schließung wurde alles rausgerissen und weggeschmissen, was das alte Safari ausgemacht hatte: die Bühnenbilder, die Kostüme, das komplette Interieur. Man hätte es retten und bewahren sollen, weil damit ein weiteres Stück Kiezgeschichte auf dem Müll landete. Livesexcabaret fehlt auf dem Kiez! Und es würde auch heute noch funktionieren. Meine Freundin Veuve Noire macht Kiezführungen, auf denen sie den Touristen auch von den Läden erzählt, die es nicht mehr gibt. Wenn sie in der Großen Freiheit steht, fragt sie ihre Gruppen, wer von ihnen denn ein Livesexcabaret auf St. Pauli besuchen würde, wenn es die noch gäbe. „Über achtzig Prozent“, sagt Veuve, „heben die Hand und sagen: ‚Auf jeden Fall.‘“

8 | Ukraine, Teil I

Zwei Ereignisse meiner jüngeren Vergangenheit haben mit der Ukraine zu tun. Beide symbolisieren auf ihre Weise den Prozess meiner Heilung, meines Intaktwerdens.

Im Herbst 2019 kam es in der Abfolge meines Niedergangs, der im Frühjahr eingesetzt hatte, zu einem weiteren Tiefschlag. Viele Jahre lang war ich als Hooligan aktiv. Für diejenigen, die mit dem Begriff nichts anfangen können: Hooligans sind in der Regel nicht die krawallorientierten Fans in den Stadien oder Sonderzügen, wie man sie auch aus den Medien kennt. Das kann vorkommen, ist aber eher die Ausnahme. Durch mein Outing als Hooligan in meinem ersten Buch habe ich mich bei einigen in der Szene unbeliebt gemacht. Denn Hooligans sind Kerle, die sich – verborgen und anonym – mit anderen Kerlen aus anderen Gruppierungen, Städten und Ländern prügeln, und zwar an einsamen, abgelegenen Orten, an denen man uns nicht entdeckt, vor allem nicht die Polizei. Man fährt mit seiner Gruppe hin – manchmal zwanzig, manchmal fünfzig Leute –, verhaut sich ordentlich, bis der Sieger feststeht, reicht sich zum Abschied die Hand und macht sich vom Acker, bevor jemand etwas mitbekommt. „Auf die Wiese fahren" – so nennen wir das. Am anstrengendsten sind die „kleinen" Fights, zum Beispiel fünfzehn gegen fünfzehn, weil man dann in der Menge nicht abtauchen kann. Wie in einem Boxkampf hat jeder mehr oder weniger einen festen Gegner. Und warum tun wir das? Um uns zu beweisen und um Aggressionen abzubauen, besser hier unter Gleichgesinnten als im normalen Leben. Hools kommen aus allen gesellschaftlichen Schichten und politischen Richtungen. Da fightet der Banker Seite an Seite mit dem Türsteher. Oberstes Gebot, wenn man sich auf einen Kampf einlässt: absolute Fitness. Du musst auf den Punkt da sein mit allen deinen Sinnen, um im Kampf nicht unterzugehen. Ich habe eine für mich lange Geschichte als Hooligan – und Hool zu sein, war für mich über viele Jahre eine sehr wichtige Sache, die ich heute ab und an auch noch vermisse. Aber im Grunde war dieses Kapitel für mich abgeschlossen. Mit der Geburt meines Sohnes war mir bewusst geworden, ich lebe nicht nur für mich allein, ich trage Verantwortung für die Familie, meine Mutter macht sich Sorgen, und ich habe Angestellte, die ich nicht im Stich lassen kann. Ich muss aber auch sagen, mir ist bei den Kämpfen, die ich mitmachte, nie etwas Ernstes zugestoßen. Es gab ein paar Blessuren, fast immer einen geschwollenen Kopf, und einmal war in einem Kampf gegen einen Rostocker mein Lippenbändchen durch Kopfnüsse komplett gerissen.

Ich hatte mich also mehr oder weniger aus der Hooliganszene verabschiedet, war nicht mehr aktiv und hatte das auch öffentlich gesagt. Warum ich mich im Oktober 2019 dann noch einmal dazu hinreißen ließ, bei einem Kampf meiner Gruppe anzutreten, weiß der Teufel. Zumal der Kampf genau in die Phase meines Lebens fiel, in der ich echt mies drauf war. Meiner Abwärtsspirale setzte ich damit noch einen drauf. Was war mein Motiv? Übermut, nach dem Motto, mir kann schon nichts passieren? Frust, denn alles in meinem Leben war Mist, ich will es jetzt noch mal wissen? Wahrscheinlich eine Mischung aus allem. Fakt ist, ich befand mich in einer manischen Depression und war gar nicht in der Lage, so zu kämpfen wie früher. Im Zuge des Suffs der vergangenen Monate hatte ich einige Kilos zugelegt, sah kräftig aus, war aber weder konditionell noch mental gut drauf.

Und dann bekam ich den Anruf eines Freundes, Gregor, der zu mir sagte: „Komm mit, Daniel, einmal noch machen wir's. Wenn wir zusagen, sind wir Legende. Es gab noch keinen anderen Verein außer Frankfurt, die den Mumm hatten, in die Ukraine zu fahren, um sich zu prügeln." Ich war hin- und hergerissen. Und dann sagte ich zu, gerade weil ich so down war. Ich hatte in dieser Phase zeitweise suizidale Gedanken und immer wieder diesen einen Gedanken, meine Schwester wiedersehen zu wollen. Kurz vor unserem Abflug in die Ukraine führte ich noch ein langes Gespräch mit meinem Onkel Kolja. Ich war, wie immer damals, betrunken und verabschiedete mich von ihm mit den Worten, ich würde vielleicht nicht wiederkommen. Kolja drückte mich fest an sich. Er hatte Tränen in den Augen, weil er spürte, ich meinte es ernst. In dem Moment offenbarte ich das erste Mal – ausgesprochen gegenüber einem meiner engsten Vertrauten – meine seelische Selbstaufgabe.

Der Fight sollte in Kiew stattfinden, parallel zu dem Fußballspiel eines befreundeten dänischen Clubs. Unsere Gruppe bestand aus mehr als zwanzig Männern, die an dem Kampf teilnehmen wollten. Alle anderen schauten sich die Stadt an, nachdem wir in Kiew gelandet waren. Nur ich blieb im Hotel. Ich sah zwar, wie schon erwähnt, einigermaßen fit aus, war tatsächlich aber völlig unfit. Wenn man mental nicht gut drauf ist und keine Kondition hat, darf man nicht antreten. Und geh niemals breit in eine Schlägerei, das hatte ich gelernt. In den elf Jahren als Hool hatte ich nur zweimal aufs Maul bekommen und das war beide Male im breiten Zustand passiert. In Kiew saß ich bis vier Uhr morgens mit dänischen Ultras an der Bar des Hotels, trank Alkohol und konsumierte Drogen. In der Nacht vor dem Kampf schlief ich nur eine Stunde. Mein Herz raste, als ich mich ins Bett legte. „Los, steh auf", sagte Gregor, mit dem ich mir das Zimmer teilte, völlig genervt, weil ich die kurze Zeit, die ich schlief, wahnsinnig geschnarcht hatte, „es ist so weit, zieh dich an." Ich stand völlig neben mir. Und eigentlich hätte ich es einem zwei Meter großen Dänen, den ich am Vorabend kennengelernt hatte, gleichtun sollen. Er hatte nämlich am Morgen abgesagt, weil er in der Nacht zuvor, wie ich, Gas gegeben hatte. Dass es für mich nicht gut enden würde, war also vorprogrammiert. Im Grunde war es das, was ich wollte. Ich hatte es darauf angelegt, mich schlachten zu lassen, wollte Buße tun, weil ich so dermaßen von mir selbst enttäuscht war. Ich war ein Blender gewesen, ich hatte Ansehen verloren, bei meiner Familie, meinen Freunden, bei allen, die mich auf dem Kiez kannten. Egal was jetzt kommt, dachte ich, es ist der gerechte Ausgleich.

Mit mehreren Autos fuhren wir lange Zeit in einer Kolonne durch die Innenstadt Kiews, bis wir eine Brücke überquerten und uns auf einer Insel im Dnepr befanden, deren Namen ich nicht kenne. Hier passierten wir einen in meiner Erinnerung riesigen Sportpark, wo ukrainische Männer joggten, Schattenboxen machten oder an Fitnessgeräten, die offensichtlich selbst zusammengebaut und -geschweißt waren, ihre Kraftübungen machten. Alles wirkte auf gewisse Weise hart und martialisch, dazu die frühmorgendliche Stimmung, kalt und neblig. Über Sandpisten ging es weiter. Am Ende der Insel hielten wir neben einem großen Sandplatz, der von hohen Bäumen umringt war. Es war zehn Uhr. Unsere Gegner warteten schon auf uns. Klar denken konnte ich immer noch nicht. Nur eins wusste ich: Augen zu und durch, heute kriegst du sowieso aufs Maul. Dann begann der Kampf. Bei unseren Gegnern handelte es sich, wie ich erst im Nachhinein erfuhr, um ukrainische Soldaten. Ein solch massives, brachiales Auftreten hatte ich nur selten erlebt. Und in meinem Zustand war ich verloren, von der ersten Sekunde an, wich einige Male zurück und ließ mich dann wegschlagen wie noch nie zuvor in meinem Leben. Ich schaute die ganze Zeit nur auf den Boden, suchte nie den Blickkontakt mit dem Gegner. Ich war völlig passiv, wich immer wieder aus, versuchte, in Deckung zu gehen, lag auf dem Boden. Und bekam unablässig Tritte auf Kopf und Körper. Tatsächlich war ich zu meiner Bestzeit gut und berüchtigt fürs Elfmeterkassieren gewesen, aber nicht in meiner jetzigen Verfassung. Es kam mir so vor, als wenn ich nie zuvor so viele und so massive Tritte auf meinen Körper bekommen hatte. Krass, dachte ich, wenn du jetzt liegen bleibst, dann stirbst du. Also versuchte ich, mich aufzurichten, während mehrere Kontrahenten immer weiter auf mich eintraten. Und dann – der Kardinalfehler – stützte ich mich mit dem linken Arm auf. Den traten sie mir durch, Elle und Speiche brachen, was ich nicht sofort bemerkte. Als ich versuchte, den linken Arm zu benutzen, rutschte er weg wie

Gummi. Erst da setzten die Schmerzen ein. Am Ende waren die Ukrainer die haushohen Gewinner. Wie der Kampf endete, bekam ich nicht mehr wirklich mit.

Mein Freund Gregor, der mich überredet hatte, in die Ukraine mitzufahren, hatte in den Monaten, in denen ich so abgedriftet war, weiterhin zu mir gehalten, als einer der ganz wenigen in meinem Umfeld. Selbst als ich nur noch Scheiße sabbelte, gab er mich nicht auf. Ein paar Wochen zuvor hatte ich mich aus Versehen mal wieder im Keller der Meuterei eingeschlossen, weil ich komplett zugedröhnt war. Gregor wollte helfen, besorgte den Schlüssel bei Susanna und befreite mich. Anstatt ihm zu danken und anzuerkennen, dass er immer für mich da war, hockte ich in der Ecke mit meiner Flasche Jack Daniel's am Mund, nahm einen großen Schluck und glotzte Gregor an. Er schlug mir die Flasche aus der Hand und schrie nur: „Was soll ich denn noch machen? Soll ich dich zur Vernunft prügeln?" Wenn ich mit nach Kiew käme, dachte er, würde mich das hoffentlich motivieren, den alten Daniel wieder hervorzubringen, mit dem er so viele Schlachten geschlagen hatte. Und jetzt lag ich mit gebrochenem Arm am Boden. Gregor lief an mir vorbei und strafte mich mit einem Blick, der schlimmer war als jeder Faustschlag und der sagte: „Wie kannst du nur! Wo bist du, was bist du? Schande." Es lag so viel Enttäuschung in diesem Blick, darüber, dass ich mich aufgegeben hatte, ausgerechnet ich, der so viel mit ihm gemeinsam durchgemacht hatte.

Zwei der Ukrainer sammelten mich auf und fuhren mich in eine Klinik. Das war fair und sportlich, und dafür war ich ihnen dankbar. Der Arzt, der sich meine Verletzungen anschaute, ahnte gleich, was Sache war und dass wir einen

Kampf hinter uns hatten. Auch mein Gesicht sah aus, als wäre ein Bulldozer darübergefahren. Mein Arm wurde geröntgt und eingegipst, man versorgte mich mit ausreichend Schmerzmitteln. Den Rest des Aufenthalts in Kiew verbrachte ich im Hotelbett. Als ich dort lag, wechselte Gregor wortkarg das Zimmer. Da war mir klar: Jetzt hatte ich auch meinen allerletzten Verbündeten verloren.

Die anderen schauten sich am Abend noch das Fußballspiel an. Von meinem Zimmer aus konnte ich sogar ins Stadion sehen, aber mir stand der Sinn nach allem anderen als Fußball. Am Tag darauf flogen wir zurück nach Deutschland. Zwei andere aus unserer Gruppe durften aufgrund ihrer Verletzungen (Jochbeinbruch und angerissener Lungenflügel) nicht fliegen und mussten mit dem Zug zurückfahren. Das zumindest blieb mir erspart. In Hamburg suchte ich als Erstes ein Krankenhaus auf, um meinen Arm weiterbehandeln zu lassen. Die Ärzte sagten, ich müsse operiert werden, wenn ich meinen linken Arm in Zukunft wieder wie früher belasten wolle. Man schnitt den Unterarm auf, setzte zwei Stahlplatten ein und dübelte alles mit Schrauben wieder zusammen. Der Heilungsprozess war sehr langwierig, zog sich über Monate hin. Heute ist der Arm nach meiner Einschätzung wieder zu 95 Prozent einsetzbar, das ist okay, aber ich spüre hier und da immer noch Einschränkungen. Wenn ich früher boxte, konnte ich bei Sparringseinheiten immer gut einstecken. Faustschläge hielt ich gut aus, was meine Gegner oftmals zur Verzweiflung trieb. Weil ich nicht kleinzukriegen war. Heute ist mein linker Arm meine Achillesferse. Ich spüre es extrem, wenn ich dort einen Schlag abbekomme, was ich durch eine bessere Technik auszugleichen versuche. So gesehen wurde ich durch den kaputten Arm zu einem besseren Boxer.

Wenn ich heute an unsere Gegner, die ukrainischen Soldaten, denke, dann erscheint alles, was wir im Herbst 2019 in Kiew erlebten, als völlig surreal. Diese Männer kämpfen inzwischen in einem Krieg, während unser Fight damals nicht mehr war als ein Kräftemessen. Es waren großartige Typen mit dem Herz am rechten Fleck, ich habe für sie gebetet und fühle mich mit ihnen verbunden. Einer von unseren Jungs, der aus der Ukraine stammte und damals unser Dolmetscher war, postete bei Facebook ein Gruppenfoto, um seine Solidarität zu bekunden. Ich schrieb dazu einen Kommentar: „Kopf und Herz sind bei euch."

9 | Station No. 5: Die Davidwache und Tessi, nicht nur Schutz-, sondern auch Schiedsmann

Eine Freundin stand irgendwann bei mir am Tresen und schwärmte mir von einem Polizisten vor. Er sei so ein toller Mensch, meinte sie, ganz anders als man sich Polizisten sonst vorstelle. Okay, dachte ich, wenn sie das sagt, muss er wohl ein cooler Typ sein, dieser Tessmann, Spitzname Tessi – den Namen hatte ich mir gemerkt. Als ich ihn kurze Zeit später persönlich kennenlernte, fragte ich ihn als Erstes: „Und darf ich dich auch Tessi nennen?" Ich durfte, ihm gefiel das. In seiner Funktion als Polizeibeamter hatte Tessi viele Einsätze im Elbschlosskeller, ohne dass wir uns bewusst wahrgenommen hatten. Berührungspunkte zwischen uns gab es also schon immer, was sich gar nicht vermeiden lässt, wenn man eine Kneipe wie den Elbschlosskeller führt, aber irgendwie sind wir uns bis zu unserem Kennenlernen nicht aufgefallen.

Diese ganze Situation war irgendwie witzig, denn alles, was mit der Polizei zu tun hat, war bis dahin für mich so eine Art Tabuthema. Nicht wegen irgendwelcher ungeschriebener Milieu- oder Kiezgesetze – nach dem Motto: Bloß mit denen nicht –, sondern wegen meiner Hooliganvergangenheit. Für

Hools ist die Polizei ein klares No-Go. Ich erinnere mich an eine krasse Geschichte in Holland, wo ich mit den Jungs zum ersten Mal im Ausland wilde Sau spielen war, ich war 24 oder 25. Vom Kampf waren meine Finger zerschnitten, ich hatte eine Wunde am Kopf und musste dringend ins Krankenhaus, um mich zusammenflicken zu lassen. Die Suppe lief nur so aus mir heraus, meine Klamotten waren von oben bis unten voller Blut, bis in die Schuhe lief es. Ich stand sozusagen im eigenen Blut. Wir waren mitten in Amsterdam und trugen, wie es für Hools nicht mehr wirklich typisch war, einen „Oldschoolfight" aus, das bedeutete, man traf sich in Innenstädten, wo es natürlich mehr Fluchtmöglichkeiten vor den Kontrahenten gab, aber auch ein Katz-und-Maus-Spiel mit der Polizei. Der Kampf war vorbei. Unsere Jungs hatten sich, wie auch unsere Gegner, in alle Himmelsrichtungen verteilt. Ich fühlte mich etwas allein, wollte einfach nur wieder zusammengebaut werden, nur fand sich niemand, der mir helfen konnte. Wenige Meter entfernt stand ein niederländischer Polizist, der einen freundlichen Eindruck auf mich machte. Ich war drauf und dran, ihn anzusprechen, als mich einer von den älteren Hools, ein echter Hüne, von hinten am Kragen packte und von dem Polizisten wegzerrte. „Mit denen reden wir nicht", sagte er mit einem Drohen in der Stimme. Und ich dachte nur: Toll, ich laufe hier aus. Na ja, ich hab's überlebt, aber dieses „Mit denen reden wir nicht" war lange Zeit in mir verankert. Bis ich Tessi kennenlernte. Bei ihm war das Eis schnell gebrochen, weil er eine Warmherzigkeit ausstrahlt, mit der ich mich gut identifizieren kann. Was nicht bedeutet, dass ich jemals aus dem Nähkästchen geplaudert hätte.

Tessis Aufgabe auf dem Kiez war zu seiner aktiven Zeit die eines BüNaBe, eines bürgernahen Beamten, und in dieser Rolle ist er zu einer Legende geworden. Der BüNaBe ist ein Mann – oder eine Frau – des Vertrauens. Er ist für den Klönschnack zuständig, kennt die Menschen in seinem Viertel und kümmert sich um sie und ihre Probleme. „Kiezsheriff", so nannte man Tessi auch häufig. Das ist nicht sein Lieblingswort, aber da es von denen, die ihn so bezeichnen, nett gemeint ist, kann er darüber schmunzeln. Was ich an ihm bewunderte, und da passt der Begriff „Kiezsheriff" eigentlich doch: Tessi ist ein Polizist, der sich für andere einsetzt, der nicht zögert, den rechtlichen Ermessensspielraum zugunsten der Leute zu nutzen. Nicht dass man mich missversteht: Tessi hat sich selbstverständlich immer an Recht und Gesetz gehalten, aber im Zentrum seines Handelns stand für ihn der Mensch, er handelte immer nach seinem Herzen.

Tessis berufliche Heimat war die Davidwache, Ecke Spielbudenplatz/Davidstraße, im Polizeidistrikt 15, dem kleinsten, aber bekanntesten Polizeirevier der Republik. Rund hundert Menschen arbeiten dort und sind zuständig für 14 000 Einwohner auf einem Areal von knapp einem Quadratkilometer. An den Wochenenden, wenn der Kiez zur Partymeile mutiert, sind es natürlich entsprechend mehr. Für die Polizei war St. Pauli nie ein einfaches Pflaster. Die Akzeptanz der Beamten ist von Milieu zu Milieu unterschiedlich. Aber auch in der Hinsicht hat sich in den vergangenen Jahren manches zum Positiven verändert. Ich kenne Größen aus dem Milieu, die mit ihrer Familie auf dem Kiez wohnen. Die wissen es sogar sehr zu schätzen, wenn ihre Kinder morgens sicher in den Kindergarten kommen. Die meisten Kiezianer sind Tessi und seinen Kollegen dankbar für ihr Engagement auf St. Pauli. Kriminalität gab es immer und wird es immer geben. Die bösen Buben werden nie verschwinden, das kann man gut oder schlecht finden, aber auch sie sind ein Gesicht dieses Viertels. Wir erleben immer wieder Wellen von Gewalt. Beispielsweise nahmen vor ein paar Jahren die Messerstechereien massiv zu, und damit ging eine Skrupellosigkeit und Brutalität einher, wie man sie bis dahin nicht erlebt hatte. Wegen 5 Euro wurden Menschen abgestochen. Als Reaktion stockte die Polizei ihr Personal auf und zeigte, auch mit den gelben Warnwesten, mehr Präsenz. Auf diese Weise bekam man die Situation langsam wieder in den Griff. Corona wiederum war Ausgang einer ganz anderen Entwicklung. Die Pandemie vertrieb leider die Menschen aus St. Pauli, unsere Kundschaft, aber sie machte auch die Gauner und Taschendiebe arbeitslos, die auf dem Kiez keine Opfer mehr fanden. Man wird sehen, ob sie zurückkehren, wenn sich die Lage wieder normalisiert hat.

Die Davidwache selbst kenne ich auch persönlich gut – von innen! In meinen wilden Zeiten – das war, lange bevor ich den Elbschlosskeller übernahm – musste ich zwei oder drei Nächte in einer der Ausnüchterungszellen verbringen. Einmal hatte ich einen Typen verhauen. Angefangen hatte es damit, dass er bei Susanna immer wieder die Zeche geprellt hatte. Dafür war er auf dem Kiez berüchtigt, auch bei meinem Vater hatte er es immer versucht. Sobald ich ihn zufällig irgendwo traf, war er klein mit Hut, aber bei Susanna ließ er den Macho raushängen und pöbelte sie an.

Nun ist Susanna nicht unbedingt eine Person, die sich nicht gerade machen kann. Sie hat eine Kodderschnauze und das entsprechende Durchsetzungsvermögen. Einmal aber hatte er sie nicht nur beschimpft, sondern eine Bierflasche nach ihr geworfen. Nur durch Glück wurde sie nicht verletzt. Ein paar Tage später lief er mir auf dem Spielbudenplatz, unweit der Davidwache, in die Arme und bekam Panik, als er mich sah. Und weil er genau wusste, was ihm blühte, versuchte er mir den Arsch zu pudern. Ich war nicht nur angetrunken, sondern auch richtig stinkesauer. Mir den Bauch pinseln, dachte ich, aber meine Frau bedrohen! Da platzte mir der Kragen, und mit einem Fausthieb schlug ich ihm beide Schneidezähne aus. Der eine Zahn blieb in der Lippe stecken, der andere baumelte gerade noch so am Zahnfleisch. Der Typ rannte rüber zur Davidwache und erstattete, Blut spuckend, Anzeige gegen mich. Ich wollte mich davonmachen, wurde aber von den Polizisten eingefangen und in eine Ausnüchterungszelle gesteckt. Sechs Zellen gibt es im Keller der Davidwache. An den Wochenenden sind sie immer voll besetzt. Ich kann diese Erfahrung niemandem empfehlen: Es ist kalt, fensterlos und riecht nicht gut. Die Wände der Zellen sind wie in einem Horrorfilm von Fingernägeln zerkratzt, so war es jedenfalls damals. Bevor man eingesperrt wird, muss man sich erst noch einer Leibesvisitation unterziehen. Nackt ausziehen, nach vorne beugen, einmal husten, sodass sich der Anus öffnet, falls du da irgendwas drinnen versteckt hast (in der Regel Drogen) und mit reinschleppen willst (manch einer schafft es doch). Alles in allem ist es eine entwürdigende Prozedur. Und dann sitzt du da unten in deiner Zelle, bist mit dir allein und hast plötzlich ganz viel Zeit zum Nachdenken. Schlafen lässt es sich auch nicht wirklich, weil der Ventilator laut rattert. Wenn du Pech hast, flackert das Licht die ganze Nacht. Ich schaute mir die Wände genauer an, und die Hälfte der Namen, die dort eingeritzt waren, kamen mir bekannt vor, was ich in der Situation amüsant fand. Ich verbrachte damals eine ganze Nacht in der Zelle, am nächsten Morgen durfte ich wieder gehen. Was aus der Anzeige gegen mich juristisch wurde, weiß ich nicht mehr, aber anschließend wollte man mich tatsächlich von St. Pauli verbannen. Es hieß, ich sei eine Gefahr und dürfe meiner Arbeit (als Barmann im Keller) nicht mehr nachgehen. Susanna und ich hatten deswegen ganz schön Muffensausen. Ich nahm mir einen Anwalt, der die Angelegenheit für mich regelte. Aber bis es so weit war und ich wieder arbeiten durfte, blieb ich dem Kiez fern.

Thomas „Tessi“ Tessmann, 60 Jahre alt

„Niemals von oben herab, immer auf Augenhöhe, egal mit wem.“

Acht Jahre war ich auf St. Pauli im Dienst, zuletzt als Polizeihauptkommissar. Das war schon ein bisschen etwas Besonderes, in der Davidwache zu arbeiten, aber es war nie mein Ziel als Polizist. Seit Ende 2021 bin ich jetzt in Rente. Ich muss zugeben: mit einem lachenden und einem weinenden Auge. Der Kiez fehlt mir – sehr sogar. Nicht die Partymeile, nicht die Betrunkenen am Wochenende und erst recht nicht Mord und Totschlag, Schießereien und Prügeleien, die Gangs, das Rotlicht. Auf all das kann ich gut verzichten, nicht aber auf die Menschen, die hier leben und arbeiten, die hier aufgewachsen und alt geworden sind, die dieses Viertel zusammenhalten. Wenn mir früher jemand sagte: „Mensch, St. Pauli ist wie eine Familie“, dann dachte ich insgeheim: Ja, ja, red du nur. Heute weiß ich: Es ist tatsächlich so. Meine eigentliche Familie – Vater war Hochfrequenztechniker, Mutter Hausfrau – stammt aus Hamburg-Bahrenfeld, wo ich zur Welt kam und aufwuchs. Meinen Spitznamen bekam ich in der Schule. Wenn die Lehrerin „Thomas“ rief, standen gleich vier Jungs auf. Irgendwann war ich „TT“, dann wurde daraus Tessi. Dieser Name setzte sich auch bei der Polizei vom ersten Tag an durch.

Bis zu meinem siebzehnten Lebensjahr besuchte ich das Gymnasium, ging aber vor dem Abitur ab, um eine Ausbildung zu machen. So richtig wusste ich gar nicht, was ich machen sollte. Meine Eltern hätten es gerne gesehen, wenn ich eine Banklehre gemacht hätte, aber ich wollte nicht im Büro sitzen und Zahlenreihen sichten, lag mir nicht. Mein älterer Bruder hatte sich schon bei der Polizei beworben, wurde aber abgelehnt, weil seine Augen zu schlecht waren. Probiere ich es halt, dachte ich, und wurde prompt genommen. Das war 1979. Nach meiner Ausbildung kam ich zur Bereitschaftspolizei Bahrenfeld, machte Dienst auf dem Streifenwagen. Zeitweise war ich bei einer Einheit, die auf Observation und Festnahmen spezialisiert war, bis ich 2014 schließlich zur Davidwache versetzt wurde. Krankheitsbedingt musste ich eine Weile aussetzen, und als ich zurückkam, bot man mir an, zur Wiedereingliederung bei den bürgernahen Beamten mitzulaufen. Als BüNaBe hatte ich meine Rolle bei der Polizei gefunden. Von da an wollte ich nichts anderes mehr machen. Als BüNaBe arbeitete ich meistens tagsüber, hatte eine Fünftagewoche, fing morgens an, aber je nachdem was anlag, ging es auch in die Abend- und Nachtstunden. Was mir gefiel: Ich war zu Fuß unterwegs im Viertel, lernte den Stadtteil bis in seinen allerletzten Winkel kennen, jede Bar, jede Kneipe, jede Spelunke.

In den Elbschlosskeller kam ich, lange bevor man mich zur Davidwache versetzte. Wenn man Streife fährt, kommt es vor, dass man zu Einsätzen auch außerhalb des eigentlichen Zuständigkeitsbereichs gerufen wird. Ich war ein junger Schutzmann, Anfang zwanzig, Eierschale noch hinter den Ohren, gerade erst geschlüpft, als wir an einem frühen Sonntagmorgen wegen eines Raubdeliktes zum Elbschlosskeller beordert wurden. Der Elbschlosskeller war berüchtigt und galt als gefährlich, so viel wusste ich immerhin schon. Ein paar Gäste hatten sich in die Flicken gekriegt: Der eine hatte dem anderen das Bier ausgetrunken und der andere verlangte jetzt Geld dafür. Darüber entbrannte eine Diskussion, die sich zu einem Streit steigerte und in eine Prügelei ausartete. Also nichts Besonderes im Keller, ein typisches Raubdelikt, als solches wurde der sogenannte Bierklau klassifiziert. Ich marschierte also die drei Stufen nach unten, öffnete den Vorhang (den es da anstatt einer Tür gab), betrat den Laden und traute meinen Augen nicht. Trotz der Uhrzeit war es brechend voll, bis Oberkante Unterlippe. Laute Musik, Tanzende, Rauchschwaden. Direkt hinter dem Vorhang saß eine Dame auf einem Hocker. Ich musste zweimal hinsehen und konnte selbst dann kaum glauben, was ich sah: Diese Dame war unten herum nackt. Ich weiß noch wie heute, wie intensiv sie mich anstarrte. Und dann sagte sie: „Willst du mir ficken? Kost' ne Mark." Das sagte sie ernsthaft zu mir, einem Polizisten in Uniform. Heute würde ich ihr ins Gesicht lachen und antworten: „Na, das nenn ich mal ein Angebot." Damals war ich weniger schlagfertig. Ob ich rot wurde, kann ich nicht mehr sagen, wahrscheinlich schon. Jedenfalls war das mein erster Eindruck vom Elbschlosskeller. Und natürlich lagen viele Gäste mit dem Kopf auf dem Tresen, haben gepennt, völlig verpeilt. Die Suppe stand zentimeterhoch auf dem Boden. Wo bin ich hier gelandet, dachte ich. Meinen älteren, erfahrenen Kollegen konnte all das nicht schocken. Er nahm mich ein bisschen an die Hand und gemeinsam klärten wir dann den Bierklau auf.

Seit damals war ich unzählige Male im Elbschlosskeller. Wenn ich zu Einsätzen gerufen wurde oder auch nur, um nach dem Rechten zu sehen. Die Keller-Gäste – und ich meine nicht das Partyvolk und nicht die Touristen, die nur abfeiern wollen, sondern die Stammgäste –, sie lernte ich fast alle kennen. Von vielen erfuhr ich in langen Gesprächen ihre komplette Lebensgeschichte, die häufig eine Leidensgeschichte war. Als BüNaBe ging ich gerne in den Keller, auch wenn ich alleine unterwegs war, einfach nur um zu schauen, wie es den Stammgästen ging, hatten sie was auf dem Herzen. Ich betrat die Kneipe, die Musik dröhnte bis zum Anschlag, es war düster, verraucht, und wenn ich dann in den Raum rief: „Alles in Ordnung bei euch?“, dann ging sofort die Musik aus. Einmal an einem Mittag, ich kam rein, der Herr am Tresen machte gleich die Musik leise und sagte: „Hey, Tessi, wie geht's denn?“ Und einer saß links an dem kleinen Tresen, war richtig voll, vor ihm stand sein Whisky-Cola-Glas. Er guckte nur so hoch und meinte zu mir: „Eyyy, du Scheißbulle, verpiss dich.“ Und dann passierte etwas, was mir zeigte, ich muss meinen Job gut gemacht haben. So schnell konnte ich gar nicht gucken, und schon waren zwei Gäste vom Tresen aufgestanden und vier von hinten aus dem Raum gekommen und beförderten den Whisky-Cola-Heini nach draußen vor die Tür. Hausverbot bekam er auch noch.

Irgendwann drehte ein Filmteam mit einem Kollegen und mir für eine Fernsehreportage auf der Straße vor dem Elbschlosskeller. Wir liefen weiter zum KFC schräg gegenüber, wo – wie so oft – ein Obdachloser sein Nickerchen machte. Nur lag er sehr dicht an dem Gitter, das den Taxistand von der Straße trennt. Nicht ungefährlich, dachte ich, er muss sich nur ein Mal im Schlaf ungeschickt drehen, schon landet er auf der Straße und wird überfahren. Ich ging also zu ihm hin und versuchte, ihn zu wecken. Was nicht klappte. Gemeinsam fassten wir ihn am Arm, um ihn näher zum KFC zu hieven. In dem Moment entdeckte uns Christian, ein Stammgast aus dem Elbschlosskeller, und kam rübergelaufen. „Die beiden hier“, sagte er zu dem Filmteam und zeigte auf meinen Kollegen und mich, „ich liebe sie! Die machen nichts von oben herab, die sind mir die liebsten Polizisten!“ Und in dem Sinne redete er immer weiter, eine Lobeshymne nach der anderen, sodass es mir schon peinlich wurde. Plötzlich Schweigen. „Oh, wie spät haben wir es?“, fragte Christian und hatte es auf einmal ganz eilig wegzukommen. Wohin er denn wolle, fragte ich. „Ich hab gleich 'nen Gerichtstermin, muss zum Strafjustizgebäude." „Wieso das denn?" „Na, wegen Widerstands gegen die Polizei. Ist im Keller passiert." Er hatte Streit mit seiner Freundin, die Polizei wurde gerufen und Christian rastete aus, leistete Widerstand, sodass man ihn auf dem Boden fixieren und eine Acht anlegen musste. Was ich sagen will: Uns machte er eine Liebeserklärung vor laufender Kamera, und gleich stand er vor Gericht, weil er sich mit Polizisten herumprügelte. Was für eine schön verrückte Welt, dachte ich in dem Moment.

Wenn man sich Respekt auf dem Kiez verschaffen will, dann muss man sich kümmern. Habe ich immer versucht. Und das ist etwas, was Daniel und mich eint. Denn auch er kümmert sich um Menschen, die es nicht so gut getroffen haben. Ich sehe, dass sie Vertrauen zu ihm haben. Wir sind vom Herzen gleich. Uns geht es schlecht, wenn wir erkennen, dass wir nicht helfen können. Dann verdrückt er eine Träne, und ich verdrücke genauso eine Träne, weil es mir nahegeht, wenn den Menschen etwas passiert und wir hilflos danebenstehen. Wenn Daniel mich anrief: „Mensch, hier ist einer, der hat seinen Ausweis verloren, der kann nicht zur Polizei – kannst du rüberkommen?", dann ging ich rüber in den Elbschlosskeller, setzte meine Mütze ab, hockte mich mit demjenigen zusammen. Mal ein Beispiel: Da ist einer, der hat gar nichts. Der hat zwar irgendwann mal ein Konto gekriegt, wo noch Geld drauf ist, besitzt aber keinen Ausweis. Er hat auch seine EC-Karte verloren, kommt also nicht an seine Kohle ran. Wenn er zur Wache geht, kriegt er maximal einen Wisch mit Aktenzeichen und dem Vermerk „Hat seine Papiere verloren". Mit dem Wisch kann er aber nichts anfangen, weil keiner ihn kennt und er sich nicht ausweisen kann. Dann geht er in seine Bank, die schicken ihn weg. Dann geht er ins Bezirksamt, die sagen: „Besorg dir erst mal ein Passbild und deine Geburtsurkunde und, und, und.“ Das alles hat er natürlich nicht. Wie kann ich ihm also aus der verzwickten Lage helfen? Ich kümmere mich darum, dass er ein Foto von sich macht, das klebe ich auf, schreibe darunter: „Herr XY ist mir persönlich bekannt, ist bestätigt“, und ich hänge noch einen Zettel dran: „Sie können mich anrufen unter ...“, und gebe mein Diensthandy an. Damit geht er zu seiner Bank, dann bekommt er sein Geld. Und natürlich mache ich mir noch eine Kopie meines Schreibens, weil ich weiß, es dauert nicht lange und er hat den Zettel verloren und braucht ihn bald noch mal. Am nächsten Tag besucht er mich und sagt: „Tessi, ich hab mein Geld bekommen und konnte mir ein Brot kaufen.“

Dieses ist nur eines von unendlich vielen Beispielen, die ich erlebt habe und die zeigen, wie man wirken kann, wenn man will. Die Menschen im Viertel erkennen das an. Wenn ich draußen herumgehe, wünsche ich jedem „Guten Tag“. Ich sabbel mit jedem. Manchmal brauche ich drei Stunden und habe es gerade mal ein paar Hundert Meter geschafft. Ich höre mir alles an, und wenn jemand etwas braucht, versuche ich vor Ort zu helfen und sage nicht: „Dann geh mal zur Wache.“ Und wenn ein Obdachloser auf dem Boden liegt, knie ich mich runter, um zu sabbeln. Niemals von oben herab, immer auf Augenhöhe, egal mit wem.

Trotz allem, der Kiez ist auch gefährlich. Schlägereien, Raub- und Drogendelikte, Taschendiebstähle mit Anschlussdelikten wie Körperverletzung waren mein Alltag. Wo immer es eine große Ansammlung von Menschen gibt, die zu viel Alkohol trinken, kommt es zum Streit. Wenn an den Wochenenden der Pegel steigt, wenn viele angeballert sind, kippt schnell die Stimmung, dann wird aus einem Anrempeln und einem „Hey, was soll das?“ eine Prügelei. Und dann rücken wir mit mehreren Streifenwagen an. Ich als BüNaBe gehe dazwischen und ziehe die Streithähne auseinander. Körperverletzung, Platzverweis, Aufenthaltsverbot – das ist die Abfolge. Oder aber ich schaffe es, dass sich alle wieder beruhigen und sich die Hand geben. Der eine spendiert dem anderen ein Bier und sie sitzen wieder vereint am Tresen. Das ist der Best Case. Es gab eine Phase, da nahmen die Diebstähle im Elbschlosskeller stark zu. Ich sagte zu Daniel, er müsse etwas dagegen unternehmen. Daraufhin wies er seine Türsteher an, besser aufzupassen, und baute eine neue Videoüberwachung ein. Daniel rief mich an, ich solle mir das anschauen. Wenn jetzt etwas passiert, gibt es davon gestochen scharfe Bilder. Wenn man miteinander ein Problem anpackt, haben alle etwas davon.

Das hier ist eine ganz typische Geschichte für den Kiez: Petra dürfte um die achtzig sein, sie geht am Rollator, kann sich kaum etwas leisten. Sie holt sich Lebensmittel bei der Tafel oder isst einmal in der Woche beim Seniorentreff ihrer Kirche. Petra klagt nicht, beschwert sich nicht, sondern stellt sich geduldig an. Sie kennt es nicht anders. Man sieht sie jeden Tag irgendwo auf den Straßen von St. Pauli. Bei Minusgraden traf ich sie mit blau angelaufenen Fingern am Rollator. „Mensch, Petra, das gibt es doch gar nicht, deine Hände sind ja fast erfroren“, sagte ich. Aber Petra hatte keine Kohle, um sich selbst Handschuhe zu kaufen. Ich erzählte meiner Mutter davon, die sich gleich daranmachte, Handschuhe für Petra zu stricken. Als sie fertig waren, brachte ich sie ihr vorbei. Stolz präsentierte mir Petra sieben andere Paare. Weil einige andere aus dem Stadtteil, denen ich von Petras Beinahe-Erfrierungen berichtet hatte, auch schon für sie Handschuhe gekauft hatten.

Genauso ist auch Petra für andere da, obschon sie sich selbst kaum etwas leisten kann. Ein Obdachloser, Fritz, sitzt immer drüben beim Lido. Es war ein extrem heißer Tag, mehr als dreißig Grad. Ich war unterwegs zu einem Einsatz in der Talstraße, kam bei Fritz vorbei und sah, dass er auf halb acht hing. „Ich kann nicht mehr, ich brauche was zu trinken", stöhnte er. Er ist zwar Alkoholiker, aber jetzt meinte er einen Schluck Wasser. Ich sagte: „Fritz, warte, ich bin kurz um die Ecke, ich muss nur zur Talstraße, danach dann hole ich dir eine Wasserbuddel. Bin in ein paar Minuten zurück." In dem Moment kam Petra mit ihrem Rollator vorbeigeschoben, bekam das mit und sagt: „Lass mal, ich geh kurz zu Penny und bringe Fritz was mit." „Lass stecken, Petra, ich brauche nur fünf Minuten." Auf dem Rückweg kam ich wieder bei Fritz vorbei, da war Petra mir zuvorgekommen. Hatte ihren Einkauf sein lassen und ihm Wasser gekauft von den 3 Euro, die sie überhaupt nur für sich hatte.

Oder ein anderes Beispiel: Ramona, die den Penny-Markt leitet. Wenn es heiß ist, geht sie los und verteilt Eis und kalte Getränke an die Obdachlosen – von ihrer eigenen Kohle. Markus, der immer vor dem Penny sitzt, dem ging es schlecht, als es plötzlich kalt war. Ramona machte zehn Minuten Pause, besorgte eine Decke und wickelte ihn darin ein. Die Petras, Fritze, Ramonas oder wie sie heißen – sie alle sind mir ans Herz gewachsen. So ist St. Pauli untereinander.

Und jetzt also Ruhestand.

Klar hatte ich mich gefreut, aber je näher der Termin rückte, umso komischer fühlte es sich für mich an. Wie, das soll es jetzt gewesen sein? In den letzten Wochen im Dienst hatte ich mich von all den Orten und Menschen verabschiedet, die meinen Berufsalltag ausmachten. Ein bisschen Herzschmerz war dabei, aber richtig bewusst wurde mir die neue Situation erst, als ich wirklich zu Hause saß und wusste: Morgen früh muss ich nicht los. Auf der Davidwache war ich seitdem noch nicht wieder, das ist zu früh, das wird irgendwann kommen. Bei den Leuten im Elbschlosskeller musste ich zum Schluss noch Abbitte leisten. Irgendwann hatte ich, unbedarft und ohne böse Absicht, den Satz fallen lassen: „Der Elbschlosskeller? Das ist doch da, wo die Suppe so hoch steht, dass du drin schwimmen kannst. Im Elbschlosskeller wird nie sauber gemacht." Blöder Satz, schäme ich mich auch heute für. Und dann bekomme ich irgendwann einen Anruf von Daniel.

„Tessi, magst du mal rüberkommen?"

„Ja, klar, aber was gibt es denn?"

„Nicht fragen, einfach bitte herkommen."

Ich marschierte zum Elbschlosskeller. Ich komme rein, und da sitzen sie alle und grinsen mich an wie Honigkuchenpferde: „Na, und? Fällt dir was auf?"

„Nö, was denn?"

„Guck doch mal nach unten: der Fußboden", sagt Daniel.

„Oh, der ist ja blitzeblank", sage ich.

„Und guck mal, der Tresen, die ganzen Schals, die da oben hängen!"

Sie hatten alles gewienert und gewaschen, den Boden, die Wände, Tische, Stühle, Tresen, die Schals abgenommen und gereinigt. Ich war baff.

„Und weißt du was, Tessi? Das haben wir nicht für dich gemacht, das machen wir immer so! Wir putzen hier nämlich jeden Tag."

Und dann schickten sie mir noch ein Bild zu, auf dem ihre Putzfrau in Aktion zu sehen war.

10 | Station No. 6: In der Herbertstraße bei Domina Manuela, meiner Fast-Stiefmutter

Verlässt man die Davidwache und läuft auf der Davidstraße in Richtung Hafen und Hafenstraße, passiert man zuerst die Friedrichstraße (dort befindet sich die Meuterei), und ein paar Meter weiter geht es rechts in die Herbertstraße, die legendäre Herbertstraße. Man sieht zunächst nicht viel, da beide Seiten dieser Gasse durch metallene Sichtblenden begrenzt sind. Die Herbertstraße feiert in diesem Jahr ihren hundertsten Geburtstag, sie existiert zwar schon länger als Straße, aber den Namen trägt sie seit 1922 (vorher war es die Heinrichstraße). An den Sichtblenden sind Schilder angebracht, die besagen, der Zutritt sei für Jugendliche unter achtzehn und für Frauen (solche, die nicht hier arbeiten) untersagt. Das stimmt allerdings nicht, ist ein bisschen Show und Legendenbildung, denn rechtlich gesehen dürfen auch Frauen die Herbertstraße betreten, nur werden sie von den Prostituierten dort nicht gern gesehen. Für diejenigen, die die Herbertstraße nicht kennen: hundert Meter lang, Pflastersteine, flankiert von kleinen, ein- bis zweistöckigen Häusern, bunt angemalt, jedes mit Schaufenstern. In denen sitzen die Prostituierten und bieten ihre Dienste an. Wer hier einen Platz ergattert hat, zählt zur Champions League des horizontalen Gewerbes.

Weshalb ich die Herbertstraße in meine Kiezmap aufnehme, hat mehrere Gründe. Ganz wichtig: Die Herbertstraße zählt zu den wenigen Orten auf St. Pauli, die sich im Laufe der vergangenen Jahrzehnte nur wenig verändert haben, sie hat zum Glück ihr Flair behalten. Das allein wäre es wert, dass diese kleine Gasse erwähnt wird. Hier arbeitet aber auch eine Frau, die in meinem Leben und dem meiner Familie eine wichtige Rolle spielt. Manuela Freitag, ich nenne sie manchmal „Stiefel-Manu", was sie selbst gar nicht so gerne hört. Manuela ist von Beruf Domina, die dienstälteste auf St. Pauli, sie sitzt seit mehr als dreißig Jahren in einem der Fenster in der Herbertstraße, immer top gestylt, in schwarzem Outfit, Markenzeichen: ihre Stiefel.

Manu ist für mich eine wahre Grande Dame, eine Knallerfrau, mit so viel praller Lebenserfahrung, dass sie bereits ein eigenes Buch geschrieben hat. Außerdem ist sie meine Stiefmutter, na ja, nicht im klassischen Sinne. Es war so: Vor vielen Jahren war Manuela mit einem Mann zusammen, es war eine ihrer längsten Beziehungen. Nach der Trennung wurde ihr Ex der neue Partner meiner Mutter. Ich war damals zehn Jahre alt. Manuela hat einen Sohn, der ist etwas jünger als ich. Sie hat es tatsächlich geschafft, neben ihrem Job als Domina ein Kind großzuziehen, die meiste Zeit alleinerziehend, was nicht immer einfach war. Meine Mutter und Manu sind gute Freundinnen geworden, die sich regelmäßig treffen. Für mich wurde sie, die in ihrem Job das Dominante herauskehrt, als Mensch aber eine warmherzige Frau ist, fast zu einer zweiten Mutter.

Ich erinnere mich an eine Phase in meinem Leben, da wollte ich mich als Lude ausprobieren. Fand ich irgendwie cool – bis ich feststellen musste, das ist ein Scheißjob, für den ich nicht geschaffen bin und nicht geschaffen sein will. Ich hatte damals eine Freundin, die es geil fand, anschaffen zu gehen. Sie mochte Sex, sie mochte Geld, und Geld für Sex, das war doch perfekt, fanden wir jedenfalls. Ich sollte mich um das Organisatorische kümmern, also auch um die Location, und rief Manuela an. Ich fragte sie, ob es die Möglichkeit gebe, ein Zimmer in der Herbertstraße anzumieten. Manu machte es möglich. Wie genau das klappte, kann ich nicht mehr sagen. Meine Freundin saß also wie die anderen Prostituierten an einem der Fenster. Aber nach ein paar Wochen war Schluss. Wir bekamen nämlich Stress mit den anderen – den echten – Luden, und mir selbst war das Ludesein mittlerweile richtig zuwider, also ließ ich es bleiben.

Das ist auch etwas, wofür ich Manuela bewundere: Sie ist ihr eigener Boss, hat sich von Zuhältern losgesagt. Manuela sieht gar nicht ein, warum sie ihr hart erarbeitetes Geld einem Typen abgeben sollte. Das war aber nicht immer so. In ihren Anfangsjahren hatte sie auch verschiedene Zuhälter, von denen sie sich letztlich befreien konnte, besser gesagt, sie kaufte sich frei, so läuft das Business. Wer also dieser großartigen Frau einen Besuch in der Herbertstraße abstatten möchte, der findet sie im Hinterhof der 7a, allerdings immer nur von morgens um zwei bis mittags um zwölf Uhr.

Manuela Freitag, 58 Jahre alt

Domina

„Ich verkaufe Illusionen."

Als ich Daniel zum ersten Mal sah, war er ein junger Bengel. 27 Jahre ist das schon her. Der Kontakt zu Katja, seiner Mutter, entstand durch meinen Sohn. Ich wollte damals die neue Frau meines Ex-Freundes kennenlernen, um sicher zu sein, kann ich ihr meinen Sohn anvertrauen, wenn er bei seinem Vater ist. Die erste Begegnung mit Katja fand in einem Einkaufszentrum statt, die Chemie zwischen uns stimmte von Anfang an, obwohl wir eigentlich Konkurrentinnen waren. Schon bald lernte ich auch Daniel und seine jüngere Schwester Jana-Joy kennen. Der Kontakt zwischen den Freitags und den Schmidts intensivierte sich im Laufe der Jahre. Mit Lothar, Daniels Vater, wäre ich fast zusammengekommen. Wir hatten ein kleines Techtelmechtel am Laufen, das aber im Sande verlief. War vielleicht auch besser so. Lothar lernte ich im Elbschlosskeller kennen, der überhaupt nicht mein Revier war – zu schmuddelig, zu derb –, aber ich besuchte gelegentlich Katja dort. Ich erlebte mit, wie Daniel älter und reifer wurde.

Ich mochte diesen Jungen, er war ein ungewöhnliches Kind, er wirkte auf mich immer sehr sortiert und aufgeräumt. Eine einfache Kindheit, glaube ich, hatten Daniel und Jana-Joy nicht. Das Zerwürfnis der Eltern, die psychischen Erkrankungen Katjas, all das war für die Kinder eine Belastung und hinterließ Spuren. Mein Sohn und Jana-Joy waren etwa gleich alt und verstanden sich gut. Jana-Joy kam oft zu uns nach Hause, und ich weiß noch, da war sie etwa dreizehn Jahre alt, als sie plötzlich zu mir sagte, sie würde sich am liebsten umbringen. Ganz ernst schaute sie dabei. An diesen Moment musste ich zurückdenken, als zehn Jahre später mein Sohn zu mir kam und sagte: „Jana-Joy ist tot." Mit 23 hatte sie sich das Leben genommen. Wir waren geschockt, tieftraurig. Daniel, der seine Schwester über alles geliebt hatte, hat diese Erfahrung traumatisiert. Bis heute, glaube ich, ist er nicht darüber hinweggekommen.

Irgendwie war ich also immer an der Seite der Schmidts und sie an meiner. Ja, es hat schon etwas Familiäres, was uns verbindet.

Hätte man mir damals gesagt, ich würde heute immer noch in der Herbertstraße sitzen, ich glaube, demjenigen hätte ich einen Vogel gezeigt. Nicht weil ich meinen Job nicht gerne mache, im Gegenteil: Er ist hart, fordernd und wird nicht leichter, wenn man älter wird, aber ich weiß, was ich kann. In meinem Metier macht mir keiner was vor. Ich habe alles erlebt, was man im Rotlicht erleben kann. Dennoch hätte ich mir nicht vorstellen können, so lange durchzuhalten. Die wenigsten Frauen schaffen das. Viele springen irgendwann ab, wechseln in ein „solides" Leben. So nennen wir es, wenn man nicht mehr anschaffen geht. Andere sind einfach kaputt und ausgebrannt, die können nicht mehr, manche nehmen zu viele Drogen, andere werden krank. Was mich als Domina von den normalen Prostituierten unterscheidet und was einer der Gründe ist, weshalb ich durchgehalten habe: Als Domina habe ich keinen Geschlechtsverkehr mit meinen Gästen. Ich erfülle ihnen ihre Wünsche und Begierden, ich helfe ihnen, ihre Träume auszuleben, seien sie noch so absurd und abwegig. Der Phantasie der Gäste sind keine Grenzen gesetzt, den Praktiken, die sie bei mir buchen können, allerdings schon. Wie gesagt, kein Sex mit mir, kein Blut und nichts, was illegal ist. Ansonsten geht alles, und das ist dann auch eine Frage des Geldes. Wenn ich meinen Job beschreiben muss, sage ich gerne: Ich bin eine Illusionistin, ich vermittle Illusionen. Das trifft es ganz gut. Und je mehr Erfahrung man hat, umso besser macht man seinen Job.

Als Domina in der Herbertstraße wird man nicht geboren. Mein Weg von Bremen, wo ich aufwuchs, bis hierher, war ein langer und nicht immer einfacher. Es ging damit los, dass ich elternlos aufwuchs. Meine Mutter, eine Prostituierte, brachte mich in einem Bremer Krankenhaus zur Welt und verschwand zwei Tage nach meiner Geburt spurlos. Mein Vater, vermutlich ein Freier, war unbekannt. Die ersten Jahre lassen sich so zusammenfassen: Pflegeeltern, die sich als untauglich erwiesen. Kinderheime, aus denen ich fortlief. Wohngruppen, in denen ich mich nie zu Hause fühlte. Schließlich Schulabbruch und erste Erfahrungen auf dem Straßenstrich mit zwölf, dreizehn Jahren. Ich hatte damals zwei Ziele: mein eigenes Geld verdienen, und dafür war mir die Prostitution am geeignetsten, denn ich hatte ja nichts gelernt; und meine Mutter finden, von der ich nur wusste, dass sie auf der Reeperbahn anschaffen geht.

Kurz vor meinem achtzehnten Geburtstag landete ich auf St. Pauli und durchlebte alles, was es im Rotlicht gibt. Straßenstrich, Saunaclubs, Erotikcenter bis hin zu Zwangsprostitution, als mich ein Zuhälter monatelang einsperrte und missbrauchte. Ich war dabei, als sich die noch aktiven Ludengangs wie GMBH und Nutella-Bande bekriegten, damals in den wilden Achtziger- und frühen Neunzigerjahren. Ein paar Jahre hatte ich auch Zuhälter, aber ich wollte das System „Ich arbeite, er kassiert ab“ für mich nie akzeptieren und beschloss, auf eigene Rechnung zu arbeiten. Von meinem letzten Zuhälter kaufte ich mich frei, meine Selbstbestimmung war mir wichtiger als alles andere. Nebenbei zog ich meinen Sohn groß. Wobei „nebenbei“ nicht beschreibt, was es bedeutet, zu Hause ein Kind zu versorgen und in der Herbertstraße die Domina zu geben. „Nebenbei“ stimmt auch schon deswegen nicht, weil mein Sohn immer an erster Stelle kam. Heute weiß ich, dass ich ihm manches Mal das Gefühl gegeben habe, nicht genug für ihn da zu sein. Aber nur weil ich alleinerziehend war und Geld verdienen musste und deswegen immer unter einem gewaltigen Druck stand. Ich weiß, welche Fehler ich machte, aber ich wusste es nicht besser, ich hatte selbst nie erfahren, wie es ist, eine Mutter zu haben. So war unser Mutter-Sohn-Verhältnis immer eine Achterbahnfahrt. Aus meinem Sohn wurde ein kluger, verantwortungsvoller junger Mann, der Karriere macht und auf den ich ziemlich stolz bin.

Die Herbertstraße ist mein zweites Zuhause geworden. Ich weiß gar nicht, wie es sein wird, wenn ich die Stiefel mal an den Nagel hänge. Ewig werde ich den Job nicht machen können und auch nicht wollen. Aber noch bin ich da, und was dann kommt, das kommt …

11 | Station No. 7 & No. 8: Lieblingsorte – where Multikulti works

Die Welt auf dem Kiez ist nicht besser oder schlechter als andernorts, sie ist genauso wenig perfekt wie anderswo, aber ich kenne keinen anderen Ort, wo auf kleinstem Raum diese Extreme existieren und trotz aller Differenzen das Miteinander der verschiedenen Communitys funktioniert. Auf St. Pauli finden sich alle nur denkbaren Kulturen, Milieus und politischen Gruppierungen. Die linke Szene zum Beispiel war immer sehr stark, man denke nur an die Straßenschlachten um die damals besetzten Häuser in der Hafenstraße.

Heteros, Schwule, Transsexuelle, Dragqueens. Der Kiez hat seine ganz eigene Schwulencommunity. Dann die Prostitution, alle sexuellen Bereiche finden hier ihre Spielwiesen. Die Bandbreite ist riesig. Von den Prostituierten in der Herbertstraße über die Mädels in den Billigpuffs, die aus aller Herren Länder kommen, über die Südamerikanerinnen, die allein schon zwei Bordelle bestücken, bis hin zur Dragszene, die genauso zur Erotikdienstleistergesellschaft von St. Pauli gehört. Die Drags, die in der Schmuckstraße anschaffen gehen, auf dem sogenannten Transenstrich, und das schon seit Jahrzehnten. Das alles funktioniert miteinander und nebeneinander – aber auch nicht immer.

Denn neuerdings ist vermehrt Gewalt gegen Schwule zu beobachten, wie bei einem Überfall vor der Wunderbar in der Talstraße, einer der letzten Schwulenbars auf St. Pauli. Damals wurden ein paar Jungs von Tätern zusammengeschlagen, die von auswärts kamen. Von kleinen, jämmerlichen Wichten (in meinen Augen), die, wenn sie das erste Mal einem Schwulen über den Weg laufen oder eine Dragqueen sehen oder auf dem Transenstrich abgeblitzt sind, meinen, ihre Frustration rauslassen zu müssen. Es sind fast nie die St. Paulianer, die Ressentiments an den Tag legen und sich aggressiv gegenüber Minderheiten verhalten. Die, die hier leben und arbeiten, sind tiefenentspannt. Im Großen und Kleinen gilt also: So wie sich die unterschiedlichen Typen Mensch im Elbschlosskeller begegnen und gemeinsam ihr Bier trinken, so leben, arbeiten und feiern die Communitys auf St. Pauli gut miteinander. Und keiner, der neu dazukommt, wird komisch angeguckt. Das macht uns so schnell niemand nach.

Es gibt keine Gegend auf dem Kiez, von der ich sagen würde: Die ist scheiße, die müsst ihr unbedingt meiden. Weil es das Gesamtbild ist, das St. Pauli ausmacht. Wer nur Schönes sucht, der ist in Blankenese besser aufgehoben. Ich finde: Das Schöne braucht das Hässliche und umgekehrt. Es ist ja auch nicht so, dass ich alle Menschen mag, die sich hier herumtreiben, aber auch die, die ich vielleicht doof finde, gehören dazu und machen den Kontrast, die Unterschiede, die Vielfältigkeit und die dadurch gelebte Solidarität aus.

Sehr präsent ist unsere türkische Gemeinde. Das Zusammenleben von Türken und Deutschen auf dem Kiez empfinde ich als ein Vorzeigebeispiel in Sachen Toleranz.

Ich behaupte mal, nicht überall in Deutschland funktioniert die Integration so gut wie bei uns, auch wenn längst nicht alles perfekt ist.

Und jetzt verrate ich euch einen Geheimtipp. Etwas versteckt in einer Parallelstraße zur Reeperbahn, in der Clemens-Schultz-Straße, befindet sich ein Lokal, das es schon seit Ewigkeiten gibt: das türkische Restaurant Öz Antep, ein alteingesessenes Familienunternehmen in ich-weiß-nicht-wie-vielter Generation, wo nicht nur jeder Türke vom Kiez essen geht, sondern fast alle Kiezianer, die die türkische Küche lieben. Und dazu zähle ich mich. Das Öz Antep ist mehr als ein Restaurant, es ist *der* Türke, eine echte Kiezinstitution. Er liegt nicht auf der Touristenroute und will gefunden werden. Mit dem jungen Bengel, der das Restaurant seit einiger Zeit führt, habe ich mich ein bisschen angefreundet. Im Grunde besteht zwischen unseren Läden so eine Art Verwandtschaft, also das Öz Antep ist das türkische Pendant zum Elbschlosskeller. Warum? Beide haben wir 24 Stunden geöffnet, an jedem Tag des Jahres. Wenn alle anderen Restaurants und Imbisse auf dem Kiez längst geschlossen haben, bekommst du im Öz Antep immer noch etwas Gutes zu essen.

Ich komme hierher, seitdem ich auf dem Kiez unterwegs bin, also seit mehr als zwanzig Jahren. Irgendwann nachts im Suff war es die Empfehlung eines türkischstämmigen Kollegen, der ich folgte, seitdem bin ich Stammgast. Wer mich außerhalb des Kellers treffen will: Ich sitze mindestens einmal in der Woche im Öz Antep, esse meine türkische Linsensuppe mit Zitrone und trinke dazu einen Ayran. Und oft komme ich speziell an Freitagen, dann gibt es als Tagesgericht für verhältnismäßig wenig Geld Fisch mit Kartoffeln.

Zum Abschluss dann den türkischen Çay, der traditionell in einem kleinen Teeglas serviert wird. Mir gefällt die Atmosphäre: warmherzig, ursprünglich, gemütlich. Nichts ist perfekt oder gestylt.

Ins Öz Antep komme ich mittags oft allein, abends regelmäßig mit Familie und zu allen Tages- und Nachtzeiten mit Stammgästen aus dem Keller, auch schon mal um vier Uhr morgens, wie zum Beispiel mit Kurt, einem der Keller-Gäste, die mich geprägt haben, und der immer einen Platz in meinem Herzen haben wird.

Opi, Vaddi, so wollte er von mir genannt werden. Er ist leider schon verstorben, über achtzig wurde er. Gerade in den letzten Jahren, als ich keinen Kontakt mehr zu meinem Vater hatte, gab Kurt mir ein väterliches Gefühl. Ich konnte ihn immer um Rat fragen, umgekehrt war er mir gegenüber sehr offen, hat vor mir geweint, wenn ihn etwas bedrückte. Kurt blieb manchmal zwei oder drei Tage am Stück im Elbschlosskeller, manchmal sogar länger. Meistens kam dann sein Sohn vorbei und sammelte ihn ein, nicht ohne laut zu meckern, wie viel Kohle sein Vater schon wieder versoffen hatte. Kurt war dafür bekannt, junge, kräftige Bengels umzuhauen, nur um zu beweisen, dass er es noch draufhatte und nicht zum alten Eisen gehörte. Wir beide machten mehrmals im Jahr ein Wodkawettsaufen. Der Rekord lag bei sechs oder sogar sieben Flaschen, die wir in einer Nacht schafften. Kurt war danach zwar noch erstaunlich fit für sein Alter, aber doch ganz schön am Wanken. Kurz vor Morgengrauen bekamen wir Hunger. Ich legte seinen Arm um meinen Hals und meinen um seine Taille, und auf diese Weise eng umschlungen, uns gegenseitig stützend, taumelten wir zum Öz Antep. Dort setzten wir uns oben in die Ecke, quasselten und futterten, bis unsere Bäuche wieder so gefüllt waren, dass wir nicht mehr umkippten. Eine halbe Stunde später gingen wir zurück in den Elbschlosskeller, wo ich mit meiner Schicht begann. Erst Wodka, bis wir fast umkippten, dann deftige türkische Hausmannskost, das war unser lieb gewonnenes Ritual.

Auf halber Strecke zwischen dem Elbschlosskeller und dem Öz Antep, an der Ecke Hein-Hoyer-/Seilerstraße, liegt das Café May. Wenn ich es mit wenigen Worten beschreiben soll, würde ich sagen: Altbau, Stuck, hohe Decken, Kunst an den Wänden, ganz viel Seele und man sitzt auf wunderbar bequemen alten Sofas.

Mit dem Café May verbinde ich einige irre Storys. Nicht zuletzt war es während der Entstehung dieses Buches so etwas wie meine Homebase, weil ich mich hier mit all denen, deren Geschichten ich erzähle, getroffen habe. Danke also an Mo, der hier der Chef ist.

Trotz aller offensichtlichen Unterschiede hat auch das Café May eine ganz wesentliche Gemeinsamkeit mit dem Keller: Hier wie dort gehen alle ein und aus, die Touris ebenso wie die Alteingesessenen, Luden, Punks und Polizisten. Und die Ewigfeierwütigen, die ins May zum Ausnüchtern kommen. Man erkennt sie an der Körperhaltung, den Kopf mit Mühe aufgestützt auf dem Arm, damit er nicht auf die Tischplatte knallt.

Als das May neu aufmachte, sprach sich schnell herum, dass man sich für einen relativ kleinen Taler satt essen kann. Sie bieten nämlich ein All-you-can-eat-Frühstücksbuffet an. Damals habe ich noch deutlich mehr Kraftsport gemacht als heute und mich dementsprechend ernährt. Soll heißen:

Eier waren meine Hauptnahrungsquelle, manchmal bis zu zwanzig Stück am Tag, in jeder nur denkbaren Variante. Unter anderem als Rührei. Jetzt schließt sich der Kreis zum May, denn Rührei gehörte zum Frühstücksbuffet. Meine Schicht im Keller ging damals von acht Uhr abends bis acht Uhr morgens. Anschließend machte ich die Abrechnung, und dann musste ich noch einen Moment überbrücken, bis das May öffnete. Meistens war ich einer der ersten Gäste – und der Allererste am Buffet. Es kam vor, dass ich Stammgäste, die die Nacht über im Keller versackt waren, mitnahm, damit sie etwas zwischen die Kiemen bekamen. Ich wusste, wie viel ich allein schon verdrückte – ich aß wie ein Scheunendrescher –, und dachte mir: Wie kann ich das Café May ein bisschen foppen? Zu meiner Entschuldigung muss ich sagen, ich war nach meiner Zwölfstundenschicht noch leicht angetrunken. Ich fragte unsere mit weitem Abstand fetteste Kundin im Keller, ob sie Lust hätte, an diesem Morgen mit mir im May zu frühstücken. Sie brachte an die 200 Kilo auf die Waage. Wenn sie auf dem Barhocker saß, verschwand dieser völlig unter ihrer Körperfülle, und man dachte, wow, die Frau schwebt ja in der Luft. Sie erschien nur alle paar Monate im Elbschlosskeller, von Beruf war sie Altenpflegerin und brauchte wohl gelegentlich eine Auszeit. Wir betraten also das Café May, beide stanken wir schlimm nach Elbschlosskeller, und bestellten zweimal das Alles-was-geht-Buffet. In kurzer Zeit räumten wir fast alles darauf ab und schafften es tatsächlich, zu zweit das komplette Blech mit dem Rührei wegzufuttern. Die anderen Gäste waren sichtlich genervt, das Personal verdrehte die Augen, wir beide aber hatten einen Riesenspaß.

Unsere gewichtige sympathische Altenpflegerin kommt immer noch gelegentlich mit ihrem Freund in den Keller. Wenn sie in Partylaune kommt, lässt sie, anstatt das Tanzbein zu schwingen, ihren Zeigefinger im Takt zur Musik kreisen. Jedes Mal wenn sie erscheint, freue ich mich, weil sie mittlerweile auch eine der Erscheinungen ist, die den Elbschlosskeller ausmachen.

***

Nach dem Öz Antep und dem Café May verrate ich euch jetzt noch drei weitere Kiezfavoriten.

Das Hidden Kitchen, Friedrichstraße 1, Ecke Davidstraße.

Kochen als Kunst und Inspiration – das gelingt Besitzer und Koch Marco Tuschy. Egal was ich hier bisher gegessen habe, alles war Neuland, und selbst Gerichte, die man meint zu kennen, schafft der Koch so neu zu kreieren, dass es einen Heidenspaß macht, sich durch die Karte zu futtern. Tuschy selbst ist ein ruhiger Typ, ein Freigeist mit dem Herzen am rechten Fleck. Er kochte mehr als ein Jahr für uns bei „Wer wenn nicht wir".

Das Com Nieu 21, unser Vietnamese in der Davidstraße 21. Jeder Besuch dort ist ein Ausflug nach Vietnam mit sehr liebevollen vietnamesischen Kellnern und Köchen, die tatsächlich – und das ist jetzt kein Vorurteil – das R nicht rollen können, was sehr sympathisch klingt. Die Besitzerin ist eine zierliche, aber taffe Frau, eine umsorgende Mutterfigur. Während Corona machte auch sie schwere Zeiten durch. Sie durfte damals nur an Tischen auf der Davidstraße ihr Essen verkaufen und eckte dadurch bei einigen Luden an, die den

Platz für ihre Mädchen beanspruchten. Man fand dann aber eine einvernehmliche Lösung. Meine Empfehlung im Com Nieu 21 ist die in Essigwasser gekochte Knoblauch-Chili-Würzmischung: Die ist grandios, reinigt durch ihre Intensität jeden Magen und hilft allen, die hart gesoffen haben, die restlichen Giftstoffe aus dem Körper zu brennen. Die Mischung steht auf jedem Tisch, abgefüllt in einem Glas neben der Sojasoße und anderen asiatischen Zutaten. Solltet ihr mal ins Com Nieu kommen und das Glas auf eurem Tisch ist leer, dann kann es sein, dass ich kurz vor euch da war. Denn ich glaube, ich bin einer der wenigen, die es schaffen, ein ganzes Glas zu leeren.

Und dann lohnt auch immer der Gang in die Teigtasche in der Hein-Hoyer-Straße, ein litauisches Restaurant auf dem Kiez. Die Teigtaschen sind eine Wucht. Und es ist unglaublich, wie die Besitzer den Laden eingerichtet haben. Litauisches Kunsthandwerk vom Feinsten: Von der Türklinke über die Bodenfliese bis hin zu den Stoffetuis für das Besteck ist alles Handarbeit. Ich empfehle neben dem Essen jedem auch den Bernsteintee. Seitdem ich das Rauchen aufgegeben habe, sind meine Geschmacksnerven sensibler und ich bin zu einem leidenschaftlichen Teetrinker geworden. Dazu eine skurrile Story: Ich kenne einen Ex-Drogendealer, der vor zehn Jahren ausgestiegen ist und umsattelte: Er wurde Teehändler. Mein Freund und Mitarbeiter Philip hat dem Sohn des Teehändlers mal den Arsch gerettet und bekommt den Tee seitdem auf Lebenszeit gratis. Ich war mit ihm in dem Teelager des Ex-Dealers und bekam Unmengen an bestem Tee geschenkt.

12 | Und wieder mal Amerika

Fast zwanzig Jahre, so lange ist es jetzt her, dass Amerika schon einmal zu meiner Rettung wurde. Ich war siebzehn Jahre alt und ging in Hamburg noch zur Schule. Aber ich war schon drauf und dran, auf die schiefe Bahn zu geraten, hatte angefangen, mit Drogen zu experimentieren. Dazu kam, dass ich wegen eines Rheumaleidens, das man lange nicht erkannt hatte, wochenlang im Krankenhaus gewesen war. Alles in allem war ich in einer schwierigen Phase. Zu Hause lief es auch nicht optimal. Meine Mutter hatte mit ihren Psychosen zu kämpfen. Aber sie wusste ganz genau, dass ich aus meinem bisherigen Umfeld herausmusste. Ihre Sorge war, dass es mit mir ein schlimmes Ende nehmen würde, wenn sich nichts änderte. Und die Sorge war mehr als berechtigt. Also traf sie eine folgenreiche Entscheidung: Ich sollte für ein Jahr in die USA gehen, bei einer Gastfamilie leben und in Amerika meinen Schulabschluss machen.

Ich kam nach Ohio, in einen Ort namens Genoa, Ottawa County, mit knapp 2300 Einwohnern. Größer hätte der Kontrast zu meinem bisherigen Leben kaum sein können. Hier war die Welt noch in Ordnung. Und diese Welt tat mir gut. Ich verbrachte die beste Zeit meines Lebens in Genoa. Meine Gastfamilie, die Eltern, mein Bruder, sie waren eine wirkliche Familie für mich und gaben mir keine Sekunde lang das

Gefühl, zu Besuch zu sein. Sie nahmen mich auf wie einen leiblichen Sohn. In Amerika blühte ich auf, meine schulischen Leistungen verbesserten sich, und den Highschoolabschluss schaffte ich mit richtig guten Noten. Als ich nach zwölf Monaten in meine Heimat flog, war ich in einer guten Verfassung, menschlich gereift, körperlich und mental gestärkt.

Jetzt ein Zeitsprung in die Gegenwart. Seitdem ich angefangen habe, dieses Buch zu schreiben, stelle ich immer wieder fest, dass sich Kreise meines Lebens schließen, dass Dinge zu einem Ende kommen, die lange Zeit schwelten. Zum Jahresbeginn 2020 beschloss ich, Hamburg für eine Weile zu verlassen. Ich wollte in Genoa, bei meiner amerikanischen Familie, Kraft tanken. Die Wochen in Mecklenburg-Vorpommern waren zwar lehrreich gewesen, hatten meine Heilung aber nur kurzfristig vorangebracht. Ich hatte bald schon einen Rückfall. Ich falle immer zu schnell zu tief zurück in alte Gewohnheiten und Muster. Ich wusste es ja selbst: Ich musste die Notbremse ziehen, und wenn nicht jetzt, würde ich es gar nicht mehr schaffen. Vor zwanzig Jahren hieß die Notbremse Amerika, und ich war mir sicher, sie funktionierte auch ein zweites Mal für mich. Ich wollte einen freien Kopf bekommen, aufarbeiten, Reha für meinen Unterarm machen, fit werden, beten, ausschlafen, gesundschlafen, lernen, mich endlich wieder auf eine Sache zu fokussieren. Kurzum, ich wollte nur noch weg von Alkohol und Drogen und ich wusste, in Hamburg schaffe ich es einfach nicht.

Susanna unterstützte mich zwar bei meinem Vorhaben, in die USA zu gehen, hatte aber große Bedenken. Sie hätte eine Langzeittherapie für mich besser gefunden. Ich verstand ihre Sorgen natürlich, denn meine Auszeit bedeutete für sie gleichzeitig eine Riesenherausforderung. Nicht nur dass sie sich allein um unseren Sohn kümmern musste, auch die Verantwortung für unsere Läden lastete auf ihren Schultern. Ich aber war mir sicher, nach der Zeit in den USA hätte ich meine Krise überwunden. Dass es auch eine Entlastung für Susanna mit sich brachte, wenn ich mal weg war, daran dachte ich nicht. Denn natürlich war ich in meinem durchgeknallten Zustand ein einziger Horrortrip für meine Umwelt. Das weiß ich heute, und es tut mir sehr leid, was ich meiner Familie und Freunden zugemutet habe.

Zunächst nahm ich Kontakt zu meinen Gasteltern von damals auf. Nach meiner Rückkehr aus Genoa herrschte über viele Jahre Stille zwischen uns. Das ging von mir aus, weil ich nicht hinbekommen habe, diese beiden Welten – das Leben in Deutschland und das in Amerika – als Einheit zu denken. Die Zeit in den USA war vorbei und ich vermisste meine Freunde und Familie dort. Gleichzeitig war ich froh, wieder bei meiner Mutter in Hamburg zu sein. Meine Gefühle waren verwirrend und widersprüchlich, mit dem Ergebnis, dass ich mich jahrelang gar nicht bei meiner amerikanischen Familie gemeldet habe. Als ich es dann doch endlich tat und sie anrief, da machten sie mir überhaupt keine Vorwürfe, im Gegenteil, es war, als wäre ich gestern von ihnen abgereist. Daran konnte ich jetzt, im Jahr 2020, anknüpfen, und als ich sie fragte, ob ich erneut bei ihnen für ein paar Wochen oder Monate leben dürfte, öffneten sie mir wieder sofort ihre Herzen und ihr Zuhause.

Der Beginn meiner Reise verlief alles andere als glücklich – er war sozusagen symptomatisch für meinen Zustand.

Ich schaffte es nämlich gar nicht erst bis nach Amerika. Kurz bevor es losgehen sollte, hatte ich einen weiteren heftigen Absturz. Ich war schon seit drei Tagen wach und hatte mein Zeitgefühl komplett verloren. Dass ich meinen Flug verpasste, wenn auch nur um zehn Minuten, war keine Überraschung. Mir war das so unangenehm, dass ich mich anfangs nicht traute, Susanna mein Versagen zu beichten. Sie erfuhr natürlich dennoch davon. Vom Flughafen aus fuhr ich nicht nach Hause, sondern zu Björn, einem Freund, um mit ihm abzuhängen. Ich übernachtete bei ihm. Das war dann die vierte Nacht in Folge ohne Schlaf. Susanna buchte einen neuen Flug für mich, allerdings ging er über London Heathrow. Immerhin, dieses Mal war ich rechtzeitig am Flughafen und bekam auch meinen Flieger. Kaum saß ich, schlief ich ein, tief und fest. Meine Schuhe hatte ich – das erste Mal nach vier Tagen und Nächten – ausgezogen, kurz bevor ich ins Koma fiel. Für die anderen Passagiere muss ich die Hölle gewesen sein. Was für ein Wrack, dachten sie sicherlich, wo will der denn hin? Als ich nach zwei Stunden aufwachte, waren wir schon gelandet. Im Kopf fühlte ich mich ein wenig klarer, aber mein Körper war noch auf Droge.

Das Desaster ging weiter, denn mein Gepäck war auf dem Weg nach London verloren gegangen. Der Akku meines Handys war mittlerweile leer, und ein Ladekabel hatte ich nicht eingesteckt, auch keine Kreditkarte, nur Bargeld und meinen Reisepass hatte ich dabei, aber der war völlig zerfleddert. Dazu mein abgewracktes Erscheinungsbild: Ich sah aus wie ein Krimineller und roch wie ein Obdachloser. All das hatte zur Folge, dass man mich nicht für den Flug in die

USA einchecken ließ. Jetzt saß ich also in London Heathrow fest und lief die nächsten Stunden ziellos auf dem Flughafen herum und wusste gar nicht, was ich als Nächstes tun sollte. Irgendwie schaffte ich es, mir ein Zimmer in einem der Flughafenhotels zu organisieren. Wie mir das gelang, weiß der Himmel. Ich fiel wie tot ins Bett und schlief einen ganzen Tag lang, bis ich – wiederum von Susanna organisiert – ein Rückflugticket in der Hand hielt und zurück nach Deutschland fliegen konnte. Eine völlig verrückte Story.

Ein paar Tage später, im dritten Anlauf, klappte es endlich. Ich war nüchtern und ausgeschlafen, fühlte mich einigermaßen fit, war pünktlich am Flughafen. Mein Reisepass sah zwar immer noch aus wie durch den Reißwolf gezogen, aber höflich lächelnd, sauber und adrett angezogen, wie ich jetzt war, machte man mir nach der Landung in Newark bei der US-Immigration keine Probleme. Weiter ging es über Chicago nach Toledo. Hurra! Ich war in Amerika!

Am 15. Februar 2020 kam ich bei meiner Gastfamilie in Genoa, Ohio, an. Unser Wiedersehen war unbeschreiblich schön – herzlich, berührend, wahnsinnig emotional. Vor Freude heulend lagen wir uns in den Armen – meine Gasteltern Tina und Tom und mein Gastbruder Craig. Aber das „Gast" kann ich eigentlich streichen, wenn ich von meiner Familie rede. Wie schon vor zwanzig Jahren war ich für sie Sohn, Bruder, Neffe, Onkel, Cousin. Genauso fühlte ich mich auch: dazugehörig. Craig, mein Bruder, war inzwischen selbst Papa geworden, er hat zwei ganz tolle Kinder, für die ich eine Onkelrolle einnahm. Wenn wir jetzt einen Videochat machen, quietschen die beiden und freuen sich über „Uncle Daniel in Germany". Der ganze Ort, Genoa, hat mich herzlich empfangen. Durch Craig traf ich einige meiner früheren Schulfreunde wieder, diese lütten Bengels von damals, die jetzt selbst Männer waren wie ich. Sie wussten tatsächlich noch, wer ich war.

In Genoa war mein Suchtdruck verschwunden. Ich fühlte mich gleich wie in einer anderen Welt, in der es mir nicht schwerfiel, meine Sorgen zu vergessen. Die ersten beiden Tage ruhte ich mich nur aus. Tagsüber war ich allein im Haus, weil Tina und Tom ihren Jobs nachgingen. Tina arbeitet mit körperlich und geistig behinderten Jugendlichen. Ich würde mit ihr vielleicht therapeutische Gespräche führen können, sobald für mich der richtige Zeitpunkt gekommen wäre, dachte ich. Und Tom hat mehrere Jobs gleichzeitig, wie so viele Amerikaner: Er ist Autoverkäufer, Feuerwehrmann und Fahrer des Schulbusses in Personalunion. Morgens saß ich in der Küche, trank meinen Kaffee und schaute aus dem Fenster auf meine alte Schule. Am dritten Tag begann ich mit dem Sporttraining, das ich monatelang vernachlässigt hatte. Meine ersten Liegestütze endeten kläglich, mehr als drei schaffte ich einfach nicht. Die Kondition war weg, und mein gebrochener Arm wurde zum ersten Mal wieder belastet. Nach und nach steigerte ich mich. Ich lernte, das Laufen zu lieben. Als Kind war Joggen meine Hasssportart gewesen, und ich versteckte mich so lange im Gebüsch, bis meine Mitschüler von ihrer Runde im Wald zurückkamen. In Genoa bin ich das erste Mal in meinem Leben freiwillig drei Kilometer am Stück gelaufen und hatte irgendwann sogar einen Rauschzustand. Mehrmals pro Woche ging ich ins Gym der Highschool und stemmte täglich mehr Gewichte, schaffte am Ende 220 Kilo im

Kreuzheben, 200 Kilo beim Kniebeugen, 140 Kilo beim Bankdrücken. Mit zwanzig Jahren war meine Kondition ähnlich gut gewesen, aber damals war ich auch auf Steroiden, die brauchte ich in den USA nicht.

1500 Dollar hatte ich aus Deutschland mitgebracht. Eigentlich hatte ich vor, mit Jobs ein paar Dollar dazuzuverdienen. Dazu kam es gar nicht erst. Meine Familie war so stolz darauf, ihren verlorenen Sohn durchzufüttern, dass sie kein Geld von mir annahm. Sie taten es so, dass ich kein schlechtes Gefühl dabei hatte. Nur ein paar Male ließen sie mich die Einkäufe zahlen oder sie zum Essen einladen. Ich lernte, mich wieder in ein Familiengefüge einzugliedern. Das hatte ich zu Hause in Deutschland verlernt. Ich wurde wieder zu dem Menschen, der ich sein wollte, zu dem, der ich war, wenn mir nicht Alkohol und Drogen das Hirn vernebelten.

Craig, seine Frau Calsey und ich machten irgendwann einen Trip nach Las Vegas, denn ich wollte unbedingt den Grand Canyon sehen. Ich überredete die beiden, sich Urlaub zu nehmen, um mit mir diese Tour zu unternehmen. Vier Tage blieben wir in Las Vegas, liefen den Strip rauf und runter, zogen durch die Casinos, schauten uns die gigantischen Hotelburgen an. Bei dem berühmten Gordon Ramsay aß ich das teuerste Steak meines Lebens – für 165 Dollar! Es war gut, aber auch nicht sooo gut, fand ich. Wir ließen nichts aus, was Vegas zu bieten hatte. Und dann gab es einen Moment, der für mich der wichtigste in diesen Tagen war. Wir machten eine Tagesbustour zum Grand Canyon. In aller Früh ging es los. Unterwegs wurde an einem Restaurant angehalten, um Frühstückspause zu machen. Wir drei aber waren nicht hungrig, weil wir schon im Hotel gegessen hatten. Stattdessen nahm ich eine Tüte und packte sie mit den Lebensmitteln voll (alles war – typisch Amerika – in Plastik verpackt und ließ sich gut transportieren). Ich hatte die fixe Idee, das Essen einem der Bedürftigen zu geben, die wir auf dem Vegas Strip gesehen hatten, einem Obdachlosen. Sie erinnerten mich an die Obdachlosen auf St. Pauli. Ich dachte, ihnen allen, ob in Hamburg oder Vegas, ist etwas widerfahren, das sie auf die Straße gebracht hat. Ich schleppte den Beutel voller Lebensmittel den ganzen Tag mit mir herum. Craig und Calsey guckten mich komisch an. Ich bin sicher, sie dachten: Hat Daniel 'nen Sonnenstich? Oder hat er Angst zu verhungern? Gesagt haben sie: „Was willst du damit? Iss das auf, Daniel, oder schmeiß es weg." Abends waren wir zurück in Las Vegas und besuchten eine Show. Ich hatte immer noch keine Gelegenheit gefunden, meine Tüte an den Mann zu bringen. Auf dem Strip stand ein Obdachloser, der immer den gleichen Text rappte: „I'm a motherfucking baller, give me a dollar." Wenn du an ihm vorbeigingst, ohne ihm einen Dollar zu geben, beschimpfte er dich. Der würde sich über meine Tüte nicht freuen, dachte ich, und sah ein paar Meter weiter einen Schwarzen. Barfuß, in verschmutzter Hose, Löcher im Shirt. Ich fragte ihn, ob er hungrig sei, und als er nickte, gab ich ihm die Lebensmittel. In dem Moment fing er an zu weinen. Mein Bruder und seine Frau guckten ungläubig. Natürlich hatte der Mann Hunger und das Essen konnte seine Not kurzzeitig lindern. Aber dass sich ihm jemand zuwandte, ihn wahrnahm, obwohl er am Rande dieser Gesellschaft steht, so etwas erlebte dieser Obdachlose vermutlich nicht oft. Das ist etwas, was ich durch die Menschen im Elbschlosskeller gelernt habe. Man darf sie nicht übersehen oder über sie hinweggehen.

Was du ausstrahlst, ziehst du an, diese Resonanzregel ist mein Lebensmotto. Mit meiner kleinen Aktion hatte ich den richtigen Menschen getroffen, das strahlte er aus, er fühlte sich in dem Moment besser und ich mich auch. Etwas Gutes zu tun, tut einem selbst auch gut. Ich sah in Calseys und Craigs Mienen, was gerade in ihnen vorging: Einer wie ich, der von oben bis unten tätowiert ist, der eine große Klappe und breite Schultern hat, der schleppt zwölf Stunden lang diese Tüte durch die Gegend für jemanden, den er gar nicht kennt, weil er weiß, er tut etwas Gutes. Jetzt war ich für sie nicht mehr der Bekloppte. Sie verstanden mich. Und das Verrückte an der Sache ist, nur vier Wochen später starteten wir in Hamburg mit „Wer wenn nicht wir“ und aus dem Elbschlosskeller wurde eine Suppenküche für Obdachlose. An den Schwarzen vom Las Vegas Strip und seine Reaktion habe ich häufig denken müssen.

Und dann erfasste uns die Pandemie und beendete meine Auszeit in Amerika. Ich hätte die Zeit in den USA gerne noch dafür genutzt, eine Gesprächstherapie zu machen. Durch Tina hatte ich eine Therapeutin gefunden, mit der ich schon ein erstes Gespräch geführt hatte. Ich wollte die Erlebnisse der jüngsten Vergangenheit mit ihr aufarbeiten. Das aber musste nun warten.

Es fehlten noch vier Wochen bis zu meinem geplanten Rückflug. Aber alle Länder machten ihre Grenzen zu. Ein Land nach dem anderen ging in den Lockdown. Die Airlines stellten ihre Flüge ein, und es war gar nicht sicher, ob ich es noch auf eine Maschine nach Europa schaffen würde.

Alle hatten Angst. Was passiert als Nächstes? Werden wir alle krank? Werden wir an Corona sterben? Bricht die Wirtschaft zusammen? Wir wussten alle nichts in dieser Phase.

Bei meinem Abschied in Genoa heulte ich Rotz und Wasser. Nur mit viel Glück bekam ich ein Ticket für einen der letzten Flüge der Lufthansa nach Europa, von Detroit nach Amsterdam. Meine Eltern fuhren mich zum Flughafen. Ein Bekannter von Craig, ein Barbesitzer aus Genoa (ihm gehörte eine Kneipe, das Pharmacy, eine ehemalige Apotheke mit rustikalem Charme, sehr persönlich, ein bisschen Keller-Feeling in Amerika), hatte mir zum Abschied ein paar Euros geschenkt, die er von seiner letzten Europareise übrig hatte, für den Fall, dass von Amsterdam kein Flug mehr nach Deutschland ging. Man wusste ja nicht, was noch alles passieren würde. Am Flughafen in Detroit traf ich einen Studenten aus Schweden, der in Michigan studierte und nur noch nach Hause wollte. Er hatte tags zuvor schon in einem Flugzeug nach Schweden gesessen und wurde wieder rausgeholt, weil der Flug in letzter Sekunde gestrichen worden war. Die Nacht hatte er am Terminal verbracht. Jetzt flogen wir zusammen nach Amsterdam. Dieser Rückflug war gespenstisch. In dem Riesenjumbojet, in dem normalerweise Hunderte Passagiere Platz finden, war ich einer von zwanzig Fluggästen. Jeder hatte einen Flugbegleiter ganz für sich allein. Das glaubt dir keiner, wenn du zu Hause davon erzählst, dachte ich.

13 | Station No. 9: Der ehemalige Clochard und Jörg, der provokante Punk

Bisher habe ich euch an Orte mitgenommen, die noch existieren und die ihr – vom Dragsloch mal abgesehen – besuchen könnt. Jetzt geht es zu einer Kneipe, die leider schließen musste. Ob es die Pandemie war oder das Geschacher von Investoren, die dem Clochard auf der Reeperbahn das Licht ausknipsten, sei dahingestellt. Auf jeden Fall fehlt Der Clochard. 1983 öffnete er seine Pforten und hatte seitdem – wie der Elbschlosskeller – nie geschlossen. Der Eingang war etwas versteckt, umso kreischender das große gelbe Eingangsschild mit roter Schrift, darauf stand: „Die billige Kneipe auf der Meile", dazu Pfeile, die den Weg wiesen, damit auch der letzte Betrunkene wusste, wo es reinging.

Ich war von meinem achtzehnten Lebensjahr an regelmäßig im Clochard. Wild ging es da immer zu. Kennengelernt habe ich den Laden mit vierzehn. Ich war das erste Mal überhaupt auf dem Kiez unterwegs. Meine Mutter war der Meinung, ich sei jetzt alt genug, um diese – ihre – Welt kennenzulernen. Zuerst ging sie mit mir in den Elbschlosskeller, später in dieser Nacht waren wir im Docks, einem bekannten Club, und als wir früh am Morgen draußen auf der Reeperbahn standen, zeigte sie auf den Clochard. Im ersten Stock sah ich eine Terrasse, die komplett von einem Netz überspannt war, offensichtlich um Tauben und Möwen fernzuhalten. Das Ganze sah aus wie ein überdimensionales Fußballtor. Meine Mutter erklärte mir, die Terrasse sei dafür bekannt, dass man dort in Ruhe kiffen könne. Das wusste jeder: Wenn du einen durchziehen willst, geh auf die Dachterrasse vom Clochard.

Der Clochard konnte es mit dem Elbschlosskeller in einer Sache aufnehmen. Bevor ich den Laden kannte, hätte ich mein Leben darauf verwettet, dass sich der Keller mit den schäbigsten Toiletten auf dem Kiez rühmen kann. Und dann musste ich feststellen, dass der Clochard uns in der Hinsicht den Rang abgelaufen hatte. Ich war schockiert, und mich kann so schnell nichts schockieren. Urinstein, mehrere Zentimeter dick an Urinal und Toilettenschüsseln, jahrzehntelang gezüchtet. Was aber nicht abschreckend genug war, als dass ein Knallkopf eines Samstagnachts ein Klo klaute, einfach abgeschraubt und an den Servicekräften vorbei rausgeschleppt hat. Wer klaut ein Klo und warum, fragt man sich. Ich nenne diese Leute „Spaßrandalisten", sie tun das nicht, weil sie eine Toilette für ihr Zuhause brauchen, sondern aus purer Lust am Schrottmachen. So etwas ist im Elbschlosskeller auch an der Tagesordnung. Die Klobrillen auf der Damentoilette haben wir irgendwann mit Silikon an die Toilette festgeklebt, weil sie nach einem Tag schon entfernt waren. Bei den Herren ließen wir sie gleich ganz weg. Mehrfach wurden ganze Klos gestohlen, und sicherlich an die hundertmal kaputt getreten. Deshalb haben wir jetzt Edelstahl-Raststätten-Toiletten, die sind unkaputtbar.

Mein Freund Jörg, der deutsch-türkische Punk, wohnte direkt über dem Clochard, bis der geräumt wurde. Er war einer der letzten Bewohner des Hauses. Er, der alte Hausbesetzer, die Kämpfernatur, hat trotz aller Widrigkeiten und Schikanen bis zuletzt ausgesessen. Er ist für mich weiterhin das Gesicht des Clochard. Und wenn er mal den Kiez verlassen würde, wäre das ein herber Verlust. Wir kennen uns seit etwa fünfzehn Jahren. Ich war damals noch in der Hooliganszene aktiv. Trotz vieler Unterschiede freundeten wir uns an.

Jörg ist Aktivist in der linken Szene, immer schon gewesen. Die Rechten beschimpfen ihn als Zecke, aber Jörg hat es gelernt, sich zur Wehr zu setzen. Er ist einer der Menschen, die sich um das Gemeinwohl auf dem Kiez Gedanken machen. Als wir während der Lockdowns eine Mahnwache auf dem Spielbudenplatz organisierten, war es Jörg, der dort oft die Stellung hielt. Was ihn ausmacht: Er legt den Finger immer in die Wunde, er guckt nicht weg, wenn etwas verkehrt läuft. Er sagte Dinge auch dann, wenn sie niemand hören möchte. Dabei ist sein Motto: Protest muss nicht böse sein, man kann auch mit Nettigkeit seinen Erfolg haben. Jörg ist neben seinen vielen politischen Interessen und Engagements auch Künstler. Wir kannten uns noch nicht lange, als er mir ein Bild schenkte, das ich heute noch besitze. Jörg malte für mich das HSV-Logo auf Leinwand, ein Meter mal eins achtzig groß. Und das, obwohl er selbst Pauli-Fan ist.

Manchmal hat Jörg Ideen, auf die kommt nur einer wie er. Als wir im Lockdown alle kein Geld verdienten, fragte er doch tatsächlich Eve Champagne und mich, ob wir nicht Lust hätten, mit ihm zusammen einen Porno zu drehen.

Irgendwo draußen auf der Straße. Jetzt, wo das Viertel nachts wie leer gefegt sei, könnten wir doch frei rumlaufen, rumficken und uns dabei filmen. Man könnte denken, das war ein Witz. Nein, er meinte das ernst. „Lass mal, Jörg", lehnten Eve und ich dankend ab.

Jörg H. S. Otto, 45 Jahre alt

Politischer Aktivist und Künstler

„Provokanz muss grandios sein."

Der Clochard war mein Zuhause. Und was jetzt aus mir wird, nachdem ich rausgeflogen bin, wird sich zeigen. Irgendwas wird kommen, irgendwie geht es weiter. So war das immer in meinem Leben und es wird auch dieses Mal nicht anders sein. Die Kneipe in der Kiste, so nenne ich den Clochard. Von der Terrasse aus hatte man die ganze Reeperbahn im Blick – den kompletten Kiez, so wie ich ihn liebe. Und worum geht es uns allen? Um Liebe. In meiner Gedankenwelt haben wir ganz viel erreicht. Die Regenbogenfraktion kann endlich heiraten. Das war immer eines meiner Ziele, und dass Toleranz gelebt wird und nicht nur gepredigt. In dieser Beziehung hat sich unsere Gesellschaft nach vorne entwickelt. Viel von dem, was für uns heute normal ist, wurde auf St. Pauli losgetreten. Auch Trendsetting fand hier statt, Styles wurden kreiert, Künstler und Medienschaffende siedelten sich an. Die Gesellschaft war hier immer ein bisschen weiter, moderner, offener, und sie hatte Rückgrat. St. Pauli als Stadtteil bedeutet für mich, links zu sein. Und aus diesen Gründen ist dieses Viertel mein selbst gewählter Lebens- und Arbeitsmittelpunkt. Weil das fröhliche bunte Chaos hier Methode hat.

Der Clochard war immer mittendrin, hier war zu jeder Tages- und Nachtzeit ordentlich was los. Der Clochard hatte etwas, was die wenigsten Kneipen haben: Atmosphäre. Schwarzer Steinboden, dunkles Holz an den Wänden, Fliesen hinterm Tresen, alles voller Aufkleber, rammelig und schrammelig, durch und durch eine kernige, rockige Kneipe. Wenn man eine Runde schmiss, war man der King. Metalheads, Punks, aber auch Obdachlose und

Arbeiter gingen hier ein und aus. Weil der Clochard 24/7 geöffnet hatte, war er für viele eine Rettungsinsel. Warst du zu Hause rausgeflogen, hattest du Liebeskummer, zack – dann erst mal zum Clochard. Man konnte allein in der Ecke sitzen und ungestört den Kopf auf den Tisch legen, um nachzudenken – so wie ich es auch gerne mal getan habe.

Gleich über der Kneipe war meine Wohnung, eher ein Zimmerchen, elf Quadratmeter für 300 Euro. Ich wohnte vier Jahre hier und war dreißig Jahre lang Gast im Clochard. Zuletzt war die Kneipe völlig entkernt. Im ersten Lockdown begann der Niedergang. Die alte Verwaltung trennte sich von dem Objekt, zahlte die Miete nicht mehr, man wolle nicht mehr weitermachen, hieß es. Nur hatte man vergessen, dass über der Kneipe Menschen wohnten. Und so kam ein räumungswilliger Anwalt auf den Plan, der uns das Leben schwer machte. „Hallo?", sagten wir, „Wir haben Mietverträge." Interessierte niemanden, weil die gar nicht wissen wollten, dass wir da oben wohnten. Man versuchte, uns auszuhungern, stellte den Strom ab, das Warmwasser, die Heizung lief auch nicht mehr. Eine echte Survivalsituation, aber nicht meine erste. Zwei Jahre hielten wir durch, dann wurde der Clochard geräumt. Dem Haus blüht das gleiche Schicksal wie anderen Objekten in bester Lage auf St. Pauli, die leer stehen. Hier ziehen wohl demnächst reiche Leute in teure Wohnungen ein.

Ich kam in Hamburg zur Welt, aufgewachsen bin ich aber in Ahrensburg, wenige Kilometer entfernt. Schon mit zwölf, dreizehn Jahren lief ich neugierig und politisch interessiert über den Kiez und durch die Schanze. Damals flogen wir aus allen Läden raus, weil wir noch keine achtzehn waren. Zu der Zeit kam ich das erste Mal in den Elbschlosskeller. Ich war schon immer ganz gerne radikal – aus Spaß. Mein politisches Wirken ging in der Schule los.

Bei einer Schulbesetzung damals war ich ganz vorne mit dabei, als einer der Rädelsführer. Unser altes Schulgebäude nämlich war asbestverseucht, und gegen diesen untragbaren Zustand gingen wir auf die Barrikaden. Wir machten die Türschlösser mit Sekundenkleber und Draht unbrauchbar und schliefen mehrere Wochen in der Turnhalle, um die Stellung zu halten. Letztlich erzwangen wir mit unserem Schulstreik, dass die Schule später saniert wurde.

Zeitgleich war ich auf der Schanze mit am Start. Die Rote Flora – das autonome Zentrum im seit November 1989 besetzten Restgebäude des ehemaligen Flora-Theaters – faszinierte mich, die ganzen Rockerszenarien – das alles habe ich mitgemacht. Antifa war auch ein Thema. Dabei immer nett bleiben war mir aus antisexistischen Gründen ganz wichtig – das habe ich gelernt. Bloß nicht einen auf dicke Hose machen. Denn wir in der linken Szene mussten aufpassen, was wir sagen und veröffentlichen, das waren noch die RAF-Nachwehen. Besser das Maul halten und nicht so krass abgehen und trotzdem Aktionen machen. Um 1998/99 zog ich in die „besetzte" Hafenstraße, wie die Rote Flora bis heute Synonym für die Hamburger Autonomenszene. Die harte Zeit, die großen Kämpfe, war schon vorbei, die Häuser bereits Stadteigentum und in genossenschaftlicher Verwaltung. Häuser zu besetzen, das habe ich damals gelernt und ich stehe voll dahinter. Was man braucht? Ein Nutzungskonzept, eine symbolische Miete und die Zusage der Stadt, dass sie das Objekt kaufen werden, und dann kann man in die Verhandlungen eintreten. In der Hafenstraße war es ein langer Weg, bei vielen anderen Gebäuden klappte das problemloser.

Wenn man mich fragt, wie ich mich beruflich sehe, dann antworte ich: Ich bin ein Kulturschaffender im Freien, ich mache

Videos, male Bilder, mache Musik, organisiere Demos und Protest, wo er gebraucht wird. Ich sitze in meinem Kämmerchen, schreibe, lese und gehe zum Feiern raus. Vor allem bin ich Punk. Punk sein ist keine Mode, keine Frisur – es ist eine Lebenseinstellung und eine Haltung. Mit dreizehn war Metal meine Welt – Wacken, Metallica, Symphonic Metal. Damals hatte ich auch zum ersten Mal Nazistress, den gab und gibt es immer wieder. Ich war umtriebig und eckte bei den Rechten an. Verfolgung, Prügeleien, ständig aufs Maul kriegen, kenne ich alles. Und dann wurde ich politischer und kam vom Metal zum Punk. Die beiden sind eine alte Brüderschaft, aber doch nicht das Gleiche. Was ist Punk? Wenn wir uns jetzt auf den Mittelstreifen der Reeperbahn stellen und Bratäpfel backen – das ist für mich Punk. Für mich ist nicht Punk, die Reeperbahn zu sperren, weil wir da grillen wollen. Es muss nicht immer völlig Anti sein, aber es muss provokant und gegen das schlechte Establishment sein. Die Provokanz muss nicht schlecht sein – die Provokanz muss grandios sein! Schlecht geht immer. So aber definiere ich mich nicht. Mir geht es um Fortschritt durch Aktion, und aktionistisch bin ich auf alle Fälle. Vor zehn Jahren bin ich in die Politik gegangen, sitze heute im Bezirksvorstand der Linken in Hamburg-Mitte, Hafen, wo wir bei der letzten Wahl viele Stimmen geholt haben. Neben der Politik habe ich schon alle möglichen Jobs gemacht, um mich über Wasser zu halten. Im Schmidt Theater war ich Mädchen für alles – Kasse, Saaldienst, Kellner –, das habe ich geliebt. Auch im sozialen Bereich war ich tätig, z. B. bot ich Beratung bei der Alimaus an, einer Tagesstätte für Obdachlose und bedürftige Menschen.

Gelernt habe ich was ganz anderes. Versicherungskaufmann bei einer Krankenversicherung. Passt eigentlich gar nicht zu mir, wenn man meine Geschichte hört.

Bin ich glücklich, wenn ich auf mein Leben blicke? Ich würde sagen, ich bin schon relativ zufrieden, so wie alles wurde. Auch wenn ich einige existenzielle Vollkrisen hinter mir habe. Aber der Kiez hat mich immer wieder aufgefangen, auf St. Pauli findet man immer Trost. Und wie es weitergeht? Wir alle haben Ziele, auch ich, und ich will ein besseres Leben. Ich hätte gerne mehr Geld, ich will nicht immer nur pleite sein. Viele werden sagen, der ist doch selbst schuld, was beschwert der sich. Das kenne ich. Aber ich werde so bleiben, wie ich bin. Ich bleibe politisch, ich werde weiter feiern, lieben, lachen, mein Leben bleibt Punk!

14 | Station No. 10: Auf der Großen Freiheit mit Veuve Noire und Barbie Stupid – zwei Superweibern

Wenn man überlegt, welche Persönlichkeiten für das St. Pauli von heute stehen, fallen einem schnell Olivia Jones oder der Impresario Corny Littmann vom Schmidt Theater und Schmidts Tivoli ein. So sehr ich Corny und Olivia als Menschen schätze und dafür, was sie für den Kiez leisten, möchte ich an dieser Stelle zwei anderen Figuren unserer Kulturszene den Vortritt lassen. Einmal weil sie es einfach verdient haben! Und dann weil ich mit Veuve Noire und Barbie Stupid – denn um diese beiden und ihre Geschichten geht es – so einiges erlebt habe. In meinen Augen sind sie zwei Superfrauen, auch wenn sie noch viel mehr und doch eigentlich ganz anders sind. Beide entstammen dem Olivia-Jones-Kosmos. Man kann über Olivia sagen, was man will, aber sie hat für den Kiez wahnsinnig viel getan. Mittlerweile beschäftigt sie mehr als hundert Mitarbeiterinnen und Mitarbeiter in ihren fünf Läden auf St. Pauli. Ausgangsbasis war die Olivia Jones Bar auf der Großen Freiheit, die 2008 eröffnet wurde.

Toleranz und Akzeptanz hat sie sich auf die Fahnen geschrieben und dafür setzt sie sich aktiv ein, klärt auf, zeigt

Präsenz, spricht vor Schulklassen, um Vorurteile nicht nur abzubauen, sondern bei den Jüngsten erst gar nicht aufkommen zu lassen. „Deutschlands schrillste Patchworkfamilie" nennt sich die Olivia-Jones-Familie, und ihre Botschafter sind über den gesamten Kiez verstreut und verkünden das Wort der Toleranz. Nur so ist es möglich, dass weiterhin die bunten Vögel auf St. Pauli ein Zuhause finden und sich trauen, so zu sein, wie sie sein wollen, und nicht, wie man es von ihnen erwartet. Je präsenter eine Randgruppe ist, desto einfacher ist es für die anderen – die, die versteckt irgendwo sitzen und sich nicht heraustrauen –, den Schritt aus ihrer Anonymität zu wagen. In der Beziehung haben Olivia und ihre Mitstreiterinnen wie Barbie und Veuve schon einige Leute aus dem Keller geholt. Und das wirkt sich nicht nur auf unser Viertel positiv aus, sondern auf unsere Gesellschaft insgesamt.

Veuve Noire und Barbie Stupid arbeiten seit vielen Jahren für Olivia Jones.

„Ich erlebe es immer wieder", sagt Barbie, „dass verklemmte, konservative Ehepaare in unseren Dragshows landen. Hinterher kommt der Ehemann zu mir und sagt: ‚Ich wollte hier eigentlich nicht hin, aber meine Frau hat mich gezwungen. Ich war skeptisch, jetzt habe ich euch aber gesehen und kennengelernt und fand euch toll. Vielen Dank!' In dem Moment weiß ich, heute war ein guter Tag. Das schönste Kompliment, das ich jemals bekommen habe, stammte von einem jungen Mädchen. Nach der Show sagte sie: ‚Ich bin mit meiner Mutter gekommen und ich habe sie das erste Mal nach dem Tod meines Vaters wieder lachen sehen.' So etwas macht mir Mut, auch dann weiterzumachen, wenn andere mich bespucken. Denn das ist Realität im Jahr 2022.

Es ist aggressiver geworden und schmutziger. Als ich auf St. Pauli mit der Travestie anfing, war diese Kunstform noch neu und fremd, wurde aber gut angenommen. Ich habe das Gefühl, dass wir damals respektvoller behandelt wurden als heute. Dass man zu mir ‚Schwuchtel' oder ‚Scheißtranse' sagte, kam nicht vor."

Veuve Noire ist nicht nur das „loseste Mundwerk der Großen Freiheit" (so beschrieb sie mal der NDR), sie ist auch das Aushängeschild der bundesweiten Initiative „Olivia macht Schule" und gibt Schülern Nachhilfe in Sachen Toleranz. Wir kennen uns aus dem Dragsloch, als Eve Champagne dort noch zusammen mit Veuve eine WG bildete. Es gab die schwierige Phase während der Pandemie – auf der einen Seite die Mahnwache und die Hilfe für die Obdachlosen, auf der anderen Seite die Ungewissheit, ob der Kiez das alles überstehen wird –, in der wir oft bei Eve bis spät nachts zusammenhockten und redeten, um uns gegenseitig Mut zu machen. In dieser Zeit waren wir eine eingeschworene Gemeinschaft, der harte Kern um Eve, Veuve, Barbie und mich und dazu kamen immer wieder andere Leute aus dem Viertel. Anfangs konnte ich mir Veuves Namen einfach nicht merken. Eve gab mir einen Tipp: „Du musst einfach an einen schwulen Hund denken: Wöff!"

Veuve Noire, 37 Jahre alt

Dragqueen

„Wenn du hier als Schlampe angesprochen wirst, ist das nicht immer eine Beleidigung, sondern vielleicht ein Kompliment.“

Mittlerweile lebe und arbeite ich seit mehr als acht Jahren auf dem Kiez und bin Botschafterin der Olivia-Jones-Familie, das heißt konkret, ich mache Aufklärungsarbeit an Schulen und Kitas. Kürzlich war ich an einer Schule in Bremen, zehnte Klasse. Wir diskutierten über das Thema Diversität, immer ohne Scheuklappen. Ich erzähle den Kindern aus meinem Leben, wie es für mich vor zwanzig Jahren war, als ich auf die Fresse bekam, nur weil ich schwul bin, dass ich vor Nazis weglaufen und um mein Leben rennen musste. Ich erzähle von Selbstmordversuchen, von dem Wunsch zu fliehen. Ich sage, wie schwierig das auch noch heute, zwanzig Jahre später, in vielen Städten und gerade im ländlichen Raum ist und dass homophobes Verhalten Alltag ist. Es ist schön zu sehen, dass die jungen Leute meine Geschichte dankend annehmen und beginnen nachzudenken und zu hinterfragen. Indem ich von meinen Erfahrungen erzähle, packe ich sie. Denn da sitzt auf einmal eine Onkeltante, und die finden sie cool.

Olivia suchte im Mai 2013 in einem Casting neue Krawallhasen für ihre Familie. Ich war ein paar Monate vorher das erste Mal aufgebrezelt in ihrer Bar gewesen und hatte hart gefeiert. Ich fiel also auf. Dem Servicepersonal muss ich so derbe hart auf den Sack gegangen sein, dass sie sagten: „Alter, Schatz, du nervst, aber hast du nicht Bock, für uns zu arbeiten? Olivia macht ein Casting, bewirb dich da, wir laden dich ein.“ Ich nahm daran teil und wurde genommen, hatte plötzlich einen neuen Job, was ja gar nicht geplant war. Aber es fühlte sich an wie ein Lottogewinn. Seitdem bin ich vom Kiez adoptiert. Vom ersten Tag an wusste ich: Das ist mein Stadtteil, mein Herz gehört hierher. Große Liebe von Anfang an. Hier gibt es geile Menschen, geile Typen. Auch wenn sich in den letzten Jahren alles auch ein bisschen verändert hat. Hier konnte ich die Sau rauslassen, was da, wo ich herkomme, nicht möglich war.

Geboren wurde ich in Wismar, aufgewachsen bin ich in Oberhof, einem kleinen Dorf, von dort ging es nach Klütz, eine Kleinstadt in der Nähe des Ostseebads Boltenhagen, später wohnte ich in Wismar, zuletzt in Rostock. Stückchenweise habe ich mich in immer größere Orte hochgearbeitet, aber erst auf St. Pauli konnte ich so leben, wie ich es immer wollte. Erst hier konnte ich ich sein. Vor einiger Zeit besuchte ich das Auswanderermuseum BallinStadt in Hamburg, wo eine Ausstellung mit dem Titel „Fluchtursache: Liebe" zu sehen war. Olivia war Schirmherrin der Ausstellung. Dass Menschen wegen ihrer sexuellen Orientierung verfolgt werden und ihre Heimat verlassen müssen, hat es immer gegeben und gibt es noch. Ich selbst wurde nicht politisch verfolgt, aber ich kann verstehen, was es bedeutet, frei sein zu wollen und auszubrechen.

Ich bin ein Scheidungskind, meine Eltern trennten sich, als ich sechs war. Zu meinem leiblichen Vater habe ich keinen Kontakt mehr, seitdem ich achtzehn bin. Damals sah er mich das erste Mal geschminkt, von da an lehnte er den Kontakt zu mir ab. Und ich bin der letzte Mensch, der jemandem hinterherläuft oder es einem recht machen will. Gerade die eigene Familie sollte mich so akzeptieren, wie ich bin. Meine Mutter und mein Stiefvater waren anders gestrickt, gingen lockerer mit der Situation um. Anfangs war es auch für sie nicht leicht, gerade auf dem

Dorf, einen schwulen Sohn zu haben, aber irgendwann standen sie über den Dingen. Ihnen war egal, was die Nachbarn redeten. Heute sind meine Eltern unwahrscheinlich stolz auf mich und darauf, was ich erreicht habe.

Richtig angefangen mit der Schminkerei habe ich im Alter von sechzehn, siebzehn. Das war auch die Zeit, als mir bewusst wurde, ich muss weg, ich muss raus aus meinem bisherigen Umfeld, weil es hier für mich gefährlich werden kann. Es kam vor, dass ich um mein Leben laufen musste, nur weil ich meine Personality frei ausleben wollte. Das Risiko, hart auf die Fresse zu kriegen, war immer präsent. Passe ich mich an, um meine Ruhe zu haben? Das kam für mich nie infrage. Ich tat niemandem weh, ich beleidigte niemanden, ich nahm keinem etwas weg. Ich war – ich bin – schwul. Was stört es euch, dachte ich, ob ich schwul bin. Ich habe mich weiterhin geschminkt, natürlich nicht wie heute, nicht als Drag, in meiner alten Welt hatte ich keine Kontakte mit der Community, der Schwulenszene, der Travestie. All das existierte nicht. Erst in Hamburg bin ich bewusst in die „Dragrolle" geschlüpft, und mit meiner großen Fresse und mit meinem Aussehen schaffte ich es, meinen Lebensunterhalt zu verdienen. Damals war ich 29. Und was hatte ich davor schon eine Scheiße erlebt. Ursprünglich bin ich ausgebildete Servicefachkraft für Dialogmarketing, habe im Callcenter gelernt, am Ende aber als Outfitberaterin in einem Klamottenstore gejobbt. Ich kam mit den Kunden gut zurecht, hatte damals schon blöde Sprüche auf den Lippen. „Du gehörst auf die Bühne!", war ein Satz, den ich oft hörte. Diese Toleranz erfuhr ich auf den Straßen nicht. So schön Rostock ist, ich hätte dort nicht weiterleben können. Die Menschen waren – zumindest damals – zu engstirnig, es gab zu viele Neonazis in der Gegend, und wenn du permanent Angst haben musst, auf die Straße zu gehen, dann ist es an der Zeit für einen Wechsel.

In der Olivia-Jones-Bar fing ich an, die Halligalli-Drecksau-Party mitzumachen. Was es damit auf sich hat, muss man nicht weiter erklären, der Name ist Programm. Nachts habe ich den Schuppen geschmissen, tagsüber arbeitete ich anfangs noch in einer Boutique. Mein Chef aus dem Klamottenladen in Rostock hatte mich in die Filiale nach Hamburg versetzt. Zwei Jobs parallel, das war hart. Tagsüber Klamotten verkaufen und dann die ganze Nacht Party machen. Spätestens nach zwei bis drei Nächten ohne Schlaf ist Schluss, das Pensum hältst du nicht durch, dann steigt dein Körper aus.

Ich beschloss, mich als Künstlerin selbstständig zu machen, kündigte den alten Job, machte weiterhin die Halligalli-Drecksau-Partys, fing an, Kultkieztouren zu laufen. Später kamen die Aufklärungsarbeit an Schulen, Kitas und Bildungskieztouren dazu, plus der Livestream theDRAGattack auf Twitch. Ich hätte mir nie träumen lassen, dass ich mal im Rahmen von Vorträgen, Panels und Q&As Kinder, Jugendliche und auch Erwachsene über die großen Themen Toleranz und Vielfalt – eben Diversity – aufklären darf. Hätte man mir vor zehn Jahren gesagt, dass ich zum Beispiel in der britischen Botschaft in Berlin, auf dem deutschen Schulleiter- und dem deutschen Kitaleiterkongress und beim DGB zur Diskussion eingeladen werde, hätte ich mich kaputtgelacht. Zwischendurch werde ich für Firmenfeiern gebucht. Für mich ist das, was ich mache, keine Rolle, die ich spiele. Veuve Noire zu sein, bedeutet für mich, das Innere nach außen zu tragen. Ich sage immer gern: Ich bin eine heterosexuelle Frau im Körper eines Mannes. Ich möchte nichts an meinem Körper ändern, mache aber trotzdem das Beste draus. Mein Name kam aufgrund meiner

Persönlichkeit zustande. Ich habe schon immer nur Schwarz getragen. Schwarz passt zu allem, damit bist du immer angezogen, musst dir nie Gedanken machen, was zusammenpasst. Schwarz ist nicht gerade die Farbe, bei der man an eine Drag denkt, die meisten mögen es bunt, grell, glamourös. Aber ich mag's. Weil ich nie einen Mann an meiner Seite hatte, hieß es in meiner damaligen Clique in Wismar: „Wie geht es denn unserer schwarzen Witwe?" Schwarze Witwe auf Deutsch klingt langweilig; Veuve Noire, das passte schon besser zu mir, wurde erst mein Spitzname und später mein Künstlername.

Heute kann ich sagen: Ich habe drei Familien. Einmal meine leibliche Familie, dann die Olivia-Jones-Familie und den Kiez. Der Kiez, weil ich weiß, wer hier zu mir steht und auf wen ich mich verlassen kann. Daniel zum Beispiel könnte ich nachts um vier anrufen und sagen: „Komm mal vorbei, mach mir mein Gurkenglas auf." Er wäre in zwei Minuten da, jetzt mal übertrieben gesagt. Der Zusammenhalt ist ein komplett anderer als anderswo. Es soll aber nicht so rüberkommen, als wäre alles eitel Sonnenschein. Wer hier bestehen will, muss sich ein dickes Fell zulegen und Ellenbogen haben. Du musst dich durchboxen können. Denn der Umgang kann hart sein, man muss lernen, mit dem Schnack umgehen zu können. Wenn du hier als Schlampe angesprochen wirst, ist das nicht gleich eine Beleidigung, sondern auch mal ein Kompliment. Und natürlich musst du auf dich selbst aufpassen, um dich nicht zu verlieren.

Der Kiez ist ein ständiger Verführer. Und wenn du nicht aufpasst, kann er dich schneller auffressen, als dir lieb ist. Aber wenn man es schafft, den Kiez so zu nehmen und zu akzeptieren, wie er ist, und sich auch der Verlockungen bewusst wird, kann er das schönste Fleckchen Erde sein. Alles hat hier zwei Gesichter.

Einmal das, was hinter den Kulissen passiert, und dann das bunte schrille Leben, das man hier führen kann. Leid und Freud können ganz dicht beieinanderliegen. Ich habe gelernt, dem Kiez mit Respekt zu begegnen, und ich werde so lange hierbleiben, bis ich gar nicht mehr kann – und selbst dann noch. Mein Herz gehört St. Pauli. Und ich habe fest vor, dass man in vielen Jahren von mir sagt: „Ach, die Veuve? Die lebt schon ewig hier!" Gestern erst, so ein typisches Kiezerlebnis. Ich fuhr schon ewig durch die Gegend und fand einfach keinen Parkplatz. „Scheißverdammte, verfickte Rotzkacke", schimpfte ich, auf St. Pauli einen Parkplatz zu finden, ist der allerletzte Scheiß. Ich stand unter Zeitdruck, musste notgedrungen ins teure Parkhaus, fahre da durch und verpasse vor lauter Ärger zwei freie Stellplätze, checke das nicht und kann nicht mehr zurück. Da kommt eine nette Dame, die dort arbeitet, auf mich zu: „Na, Schätzelein, was haste denn?" Und nimmt einen Kegel weg und macht einen Parkplatz frei, wo ich normalerweise nicht hätte stehen dürfen: „Komm, stell dich hier schnell hin." Es sind diese Momentaufnahmen, die kleinen, unscheinbaren Situationen, die uns zusammenbringen.

***

Etwas ähnlich Unerwartetes habe ich vor Kurzem im Waschcenter erlebt. Unsere Waschmaschine zu Hause war kaputtgegangen, sodass ich zum ersten Mal in meinem Leben einen Waschsalon betrat, voll beladen mit unserer Wäsche. Dort war eine junge Frau am Rumwirbeln, die ich bei genauerem Hinsehen als rumänische Straßentranse erkannte, die mir bestens vertraut, aber in schlechter Erinnerung war. Ich hatte sie wiederholte Male aus dem Elbschlosskeller werfen müssen, weil sie als Taschendiebin aufgefallen war. Auch sie erkannte mich sofort und kam auf mich zu. Jetzt zahlt sie es mir heim, dachte ich. Aber anstatt mich zu beschimpfen, sagte sie in ihrem gebrochenen Deutsch: „Och, Schatzi, du nicht wissen, wie das läuft hier? Na, dann komm mal mit." Ich muss wohl etwas hilflos gewirkt haben, und dann nahm sie mir meine Wäsche und die Marken für den Waschautomaten aus den Händen. „So, ich dir zeigen jetzt alles!" Sie war an dem Morgen ganz auf Mädchen gestylt, die Haare zurückgebunden, perfektes Make-up, lange, lackierte Nägel, und jetzt wollte sie mir, dem Mann, das Wäschewaschen abnehmen. „Die Münze da reingeworfen, so musst du das machen, hier rein das Waschpulver." Dabei lächelte sie mich die ganze Zeit an, und sie wusste genau, dass auch ich wusste, wer sie war. Und trotzdem, obwohl ich nicht immer freundlich zu ihr gewesen war, half sie mir jetzt.

Viel länger als Veuve Noire, länger auch als Eve Champagne, kenne ich Barbie Stupid. „Kennen" meine ich hier in dem Sinn, dass wir uns auf St. Pauli über die Jahre immer wieder über den Weg liefen, uns registrierten, hier und da einen Schnack hielten. Intensiver wurden unsere Gespräche in der Zeit, als ich häufig bei Eve im Dragsloch hausierte. Barbie ist einer der schrill-liebenswerten Vögel unserer Kiezwelt. Auch sie bringt eine spannende Lebensgeschichte mit. Alle, die sich für ein Leben hier entschieden haben, tragen einen Rucksack voller Lebenserfahrung. Barbie gehört zur Dragsloch-Bande, und die Damen aus dem Dragsloch waren mir in schwierigen Zeiten eine Stütze, hatten ein offenes Ohr, wenn ich mich ausheulen wollte, selbst dann, wenn ich in meinen harten Phasen nur Unsinn sabbelte. Auch mir gegenüber waren sie immer tolerant. Die Akzeptanz, die sie von anderen einfordern, geben sie auch zurück. Barbie marschierte mit uns allen zusammen durchs Viertel, als wir für die Prostituierten demonstrierten, die in der Pandemie kein Gehör fanden. Mit Barbie hatte ich aber auch unheimlich lustige Kneipengespräche. Barbie, die eigentlich Boris heißt, fragte mich im Suff gelegentlich, ob sie mir einen blasen dürfe. Dieses Anbaggern wurde zu einem Running Gag zwischen uns. Kneipengesabbel halt. Ich reagierte mit einem blöden Spruch und das war's. Wir hatten uns eine Weile mal nicht mehr gesehen, als Barbie eines Abends in den Elbschlosskeller kam. Sie war schon einigermaßen angeheitert, als ich später dazustieß. Ich hatte damals einige Kilos zugenommen und war ganz schön aufgedunsen. Ich weiß noch, wie unwohl ich mich selbst in meiner Haut fühlte. Barbie blickte zur mir herüber, so ein erotisches Angucken, ihr typisches Anbaggern, und winkte mich zu sich. Als ich vor ihr stand, sagte sie: „Mann, Daniel, du bist aber fett geworden." Wow. Das saß. Treffer, versenkt. Barbie hatte zielsicher meinen wunden Punkt gefunden. Du Miststück, dachte ich nur und wollte im ersten Moment ausrasten, dann aber musste ich lachen. Das war jetzt mal eine gelungene Retourkutsche von Barbie gewesen, nachdem ich sie immer hatte abblitzen lassen.

Barbie Stupid, 43 Jahre alt

Dragqueen

„Meinen Traum lebe ich jeden Tag und solange es geht."

Travestie mache ich jetzt schon seit 25 Jahren, Wahnsinn, wenn ich mir vorstelle, wie lange das schon ist. Man kann sagen, ich wachse langsam, aber sicher in die Liga der Urgesteine. Ich bin die eine Hälfte des Travestieduos Double-Faces, die andere ist Lee Jackson, so heißt mein Bühnenpartner, der auch mein bester Freund und seit drei Jahren mein Ehemann ist. Geheiratet haben wir, um uns gegenseitig abzusichern, es war eine Vernunftentscheidung und keine romantische. So wie es ja auch bei vielen Heteropaaren ist, wenn sie ehrlich sind. Lee und ich fragten uns, was passiert bloß mit unseren Kostümen, wenn einem von uns etwas zustoßen sollte? Für eine Dragqueen ist die Garderobe lebenswichtig, na ja, ich übertreibe … Jedenfalls, wir lieben uns platonisch, haben aber keine sexuelle Beziehung. Auch damit unterscheiden wir uns nicht von den meisten Heteropaaren, die lange zusammen sind. Lee und ich sind bekannt für unsere Conférence und Comedy, das gesprochene Wort ist unser Metier, und wir singen durch die Bank weg alles, auch eigene Songs.

In Hamburg-Altona bin ich geboren, aufgewachsen und zur Schule gegangen. In der Schule wurde ich gehänselt und gemobbt. Schwul zu sein, das gehörte sich nicht, darüber wurde auch nicht gesprochen. Ich hatte damals das Gefühl, ich war der einzige schwule Junge weit und breit, die anderen hatten sich vielleicht nur besser versteckt. Ich hatte auch niemanden, dem ich mich hätte anvertrauen können. Meine Eltern ahnten es sicherlich, aber sie sagten nichts und warteten, bis ich mein Outing selbst aktiv angesprochen habe. Für sie war es okay. Aber von Jugend an komisch angeguckt und gehänselt zu werden, das hatte etwas in mir verändert und mein Selbstbewusstsein niedergedrückt. Mit sechzehn brach ich die Schule ab und fand meinen ersten Job auf St. Pauli als Zimmermädchen im Autoparkhotel.

Zur Travestie kam ich in dieser Zeit durch einen Spaß. Mein damaliger Freund und ich hatten uns geschminkt und aufgestylt und gingen in dieser Aufmachung ins Café Keese zum Sweet Sunday, einer sonntäglichen Partyveranstaltung, bei der Dragqueens und Travestiekünstler auftraten. Im Café Keese sah ich zum ersten Mal Drags live in Aktion und mir war von der Sekunde an klar: Genau das ist es, was ich auch sein will – dort oben auf der Bühne stehen, tanzen, performen. Das war 1996. Meine Vorbilder hießen Mary & Gordy. Die beiden haben uns Drags den Weg in Deutschland bereitet, indem sie die Travestie in den Mainstream brachten, sie gesellschaftsfähig machten. Mary sah man ständig in der Werbung für Zentis, sie war ein Riesenstar. Lee und ich traten vor Jahren mal in Zürich auf und da sah ich Mary – also Georg Preuße – im Publikum sitzen. Mein Idol von damals, fand ich sehr ehrenvoll. Auch Olivia Jones war ein Vorbild für mich. Ihr Foto hing lange Zeit an meinem Spiegel, um mir abzugucken, wie sie ihr perfektes Make-up hinbekam. Und dann gab und gibt es natürlich noch Lilo Wanders, die Grande Dame der Travestie, mit der ich später im Showclub zusammengearbeitet habe. Lilo war immer schon eine Liga für sich – gleichzeitig damenhaft und liebenswert schrullig, ein großartiger Charakter und eine wahre Künstlerin.

Mit sechzehn bewarb ich mich als Drag beim Café Keese. Man lehnte mich ab, mit der unschmeichelhaften Begründung, ich sei zu hässlich. Stattdessen bot man mir einen anderen Job an: Ich durfte mich um die Garderobe kümmern. Nicht das, was ich wollte, aber ich hatte jetzt einen Fuß in der Tür und nutzte die nächste Zeit, um an meinem Look und Auftreten zu arbeiten. Und dann absolvierte ich meine ersten kleinen Bühnenauftritte, die immer größer wurden. Langsam nahm meine Karriere Fahrt auf. Zwei Jahre später, seit meinem achtzehnten Lebensjahr, war ich hauptberuflich Travestiekünstler und schmiss meinen Job als Zimmermädchen hin. Den Gedanken, beruflich noch mal was zu versuchen, den hatte ich seitdem nie mehr. „Ey, hast ja 'ne Figur wie 'ne Barbiepuppe, bist aber keine stupid Barbie, oder?", sagte damals einer zu mir. Und ein anderer meinte darauf: „Stupid Barbie – klingt doch lustig, warum nennst du dich nicht so?" Die Rolle der Barbie Stupid war am Anfang ein bisschen auch meine Ritterrüstung, sie half mir, mein seit der Schule angekratztes Selbstbewusstsein zu reparieren. Heute ist das nicht mehr nötig. Heute stehe ich zu mir und zu dem, wie ich bin.

Als Travestiekünstler waren Lee und ich immer auf Achse, wir traten in Clubs und Theatern in Deutschland, Österreich und der Schweiz auf. Das war eine Wahnsinnszeit. Irgendwann aber reichte es mir mit der Tingelei, das ständige Koffer-Ein- und -Auspacken, heute hier, morgen da, es wurde einfach zu anstrengend. Dass ich heute ein festes Engagement bei Olivia Jones habe, ist ein Luxus. Olivia hatte ich in den Neunzigern zum ersten Mal auf der Bühne im Café Keese erlebt. Danach trafen wir uns gelegentlich auf Partys. Kennengelernt haben wir uns wieder etwas später im ehemaligen Top Ten, auch da gab es eine Sonntagspartyreihe, La Cage aux Folles hieß das Ganze. Olivia erschien als Gast, ungeschminkt, und wir kamen ins Gespräch. Später engagierte sie Lee und mich für ihren Club, das ist jetzt zehn Jahre her.

Meine Eltern sind wie ich echte Kiezianer, die nicht in Klischees und Schubladen denken, und deswegen war es für sie auch nie ein Problem, dass ihr Sohn eine Dragqueen wurde. Meine ersten

Erfahrungen auf St. Pauli machte ich zusammen mit meinen Eltern. Sie waren es auch, die mich mit fünfzehn in den Elbschlosskeller mitnahmen. Mir eröffnete sich damals eine ganz neue, faszinierende Welt. Was es hier nicht alles gab! Was hier nicht alles möglich war! Im Nachhinein denke ich, das war für mich der Startschuss, kurz danach ging ich von der Schule ab. In all den Jahren war der Keller nie meine bevorzugte Kneipe auf dem Kiez, es ergab sich aber immer wieder, dass ich dort landete und versackte. Ich mag diese Kneipe, weil sie skurril ist, dunkel, schmutzig, mit einem gewissen Assi-Touch, und trotzdem gemütlich, schön und herzlich. Ich traf interessante Menschen und führte coole Gespräche an der Bar. Einmal unterhielt ich mich mit einer älteren Dame, ich weiß nicht, ob sie obdachlos war, sie wirkte aber schon ein bisschen heruntergewirtschaftet. Im Laufe des Abends fragte ich sie, wie es kam, dass sie hier gelandet war. Sie erzählte mir von ihrem Jugendtraum, Balletttänzerin zu werden. Es hätte klappen können, sagte sie, sie sei eine gute Tänzerin gewesen. „Ich war talentiert, habe hart trainiert, war immer diszipliniert." Doch dann ließ sie sich auf einen Mann ein, und das war ihr großer Fehler. Nach der Heirat verbot der Mann ihr das Tanzen. Ein paar Jahre später ging die Ehe kaputt. Die Frau stand vor dem Nichts, ohne Job, kein Geld, außer Tanzen hatte sie nie etwas gelernt, aber dafür war es nun zu spät. „Meinen Traum musste ich in die Tonne treten", sagte sie, „und dann landete ich auf der Straße. Keine Ahnung, wie es weitergeht." Das war ihre Geschichte, eine traurige zwar, aber es war ein schöner Moment der Offenheit und Ehrlichkeit zwischen dieser Fremden und mir. Ich hatte das Gefühl, sie war froh, von sich erzählen zu können, und ich dachte, wie glücklich ich doch bin, dass es mir vergönnt ist, meinen Traum zu leben. Ich werde auf der Bühne stehen, solange es möglich ist.

15 | Schloss ohne Schlüssel

Ich hatte es zum Glück im letzten Moment aus den USA nach Hause geschafft, bevor Deutschland in den Lockdown ging. Wer hätte sich das jemals vorstellen können: dass auf dem Kiez, wo rund um die Uhr etwas los ist, eines Tages alles dichtmachen muss? Ich jedenfalls nicht. Kneipen, Clubs, Bordelle und Restaurants, alles zu, St. Pauli – eine Geisterstadt.

Zum ersten Mal seit seiner Eröffnung vor siebzig Jahren musste jetzt auch der Elbschlosskeller offiziell schließen. Wir hatten zwar manchmal stundenweise, zum Beispiel wegen Renovierungen, den Kneipenbetrieb eingestellt. Aber selbst dann war der Keller nicht abgesperrt, sondern blieb ein letzter Zufluchtsort für all diejenigen, die nicht wussten, wohin sie sollten.

Ich weiß noch, der Tag der Schließungen fiel auf einen Sonntag. Es ergab sich ein Problem, dessen wir uns bis dahin nicht bewusst gewesen waren: Die Eingangstür zum Elbschlosskeller, gleich hinter den drei berühmten Stufen, hatte zwar ein Schloss, aber ein passender Schlüssel war nirgends aufzufinden. Der war vermutlich schon vor Jahrzehnten verloren gegangen. An diesem Sonntag fuhren Polizeibeamte die ganze Zeit auf dem Kiez Streife und kontrollierten die Gastwirte, ob sie sich auch an die Vorgaben hielten.

Mehrmals standen sie auch im Keller und ermahnten uns – erst freundlich, aber von Mal zu Mal energischer –, bitte endlich abzusperren. Es fiel uns nichts Besseres ein, als den Schlüsselnotdienst zu rufen, der aber erst am nächsten Tag kommen konnte, weil er überlastet war. Als der Mitarbeiter des Schlüsseldiensts vor Ort war und das Problem begutachtet hatte, fing er an zu lachen. Er sei seit zig Jahren in seinem Job und habe alles erlebt, was man sich nur vorstellen könne, meinte er, noch nie aber wollte jemand, dass eine Tür zu- statt aufgeschlossen wird. Da keiner der Ersatzschlüssel passte, musste unser altes Schloss komplett herausgebohrt und ein neues eingebaut werden. Als es dann so weit war, dass ich den Schlüssel umdrehte und die Tür abschloss, fühlte es sich verstörend an, surreal, nicht wirklich begreifbar. Der Elbschlosskeller, dieses unersättliche, immer dampfende Monstrum, fiel in den Schlaf.

Das alte Türschloss liegt jetzt übrigens im Museum für Hamburgische Geschichte und wartet darauf, demnächst in dessen Dauerausstellung zu sehen zu sein. Das Museum wurde auf uns aufmerksam, nachdem wir auf Facebook über den Ausbau des alten Schlosses berichtet hatten. Einige Tage später stand Dr. Sönke Knopp vor dem Keller, Kurator für das 20. und 21. Jahrhundert und Hamburg in der Gegenwart. Er war gerade dabei, Ausstellungsstücke für eine „Corona-Sammlung“ zusammenzustellen. Er sagte, es sei schwierig, die Pandemie für das Museum greifbar und bildhaft zu machen, daher sei ihm das Schloss wirklich wichtig, es habe eine große Symbolkraft für die Auswirkungen des Lockdowns in Hamburg. Und dann übergab ich ihm das Schloss als Schenkung, aber nur unter einer Bedingung, die wir mit Handschlag besiegelten: Im Gegenzug hat mein Sohn jetzt lebenslang kostenlosen Eintritt in das Museum. Mir gefiel der Gedanke, dass er beim nächsten Schulausflug an allen Leuten vorbeimarschiert und ins Museum geht, ohne zahlen zu müssen.

Der Gedanke, dass wir den Obdachlosen während des Lockdowns helfen müssen, war von Beginn an da – und die Hilfe dauert bis heute an. Ich weiß noch, dass ich kurz nach meiner Landung aus den USA mit meinem Wagen über die leere Reeperbahn fuhr. Ich hielt an einer Straßenecke und sprach einen unserer „Stamm-Obdachlosen" an, der dort verloren rumsaß, um zu erfahren, wer sich um ihn und die anderen kümmert: „Habt ihr Infos bekommen, wo ihr hingehen könnt? Gibt es Flugblätter? Hat die Stadt einen Rückzugsort für euch?", wollte ich wissen. Seine Antwort war jedes Mal ein Nein. In den ersten Tagen des Lockdowns hatten Susanna, unsere Mitarbeiter und ich alle Hände voll damit zu tun, unsere Läden zu sichern, sie zu verbarrikadieren und alles, was von Wert war, herauszuholen und einzulagern – also das komplette technische Equipment, Spielautomaten und Jukeboxen, aber auch die Getränke. Ich lief von morgens bis abends zwischen Meuterei und Elbschlosskeller hin und her – die Läden liegen ja in Seitenstraßen jeweils auf der anderen Seite der Reeperbahn. Der Kiez war auf den ersten Blick komplett ausgestorben, aber auf den zweiten Blick sah man diejenigen, die immer hier sind, die auf der Straße leben. Die konnten sich nicht in ihr Homeoffice zurückziehen wie viele andere. Während meiner Erledigungen auf dem Kiez war ich mit den Obdachlosen ständig im Dialog. Auf einem Gaskocher machten wir im Keller Essen warm und verteilten es an die, die vor unserem Laden auf der Straße lebten. Anfangs hatte ich tatsächlich noch Hoffnung, dass sich schon irgendwer von der Stadt um die Leute kümmern werde. Vielleicht sind sie nicht die Allerersten, an die die Behörden denken – warum sollte es jetzt anders sein als sonst? –, aber irgendwer da oben muss sich doch überlegen, wie es mit ihnen weitergehen soll. Dachte ich. Passiert ist aber nichts, absolut nichts! Abends saß ich zu Hause mit Susanna zusammen.

Wir fühlten uns verloren, die ganze Situation, die Stimmung dieser Tage war nicht greifbar. Dass der Keller dicht war, kam uns unwirklich vor. Irgendwie überstehen wir das, sprachen wir uns gegenseitig Mut zu. Auch wenn wir die Läden verlieren sollten, als Familie und als Paar kommen wir da durch. Aber was würde aus unseren Stammgästen werden? Wir stellten uns den Worst Case vor: Unsere Stammgäste dürfen nirgendwo mehr hin, werden ärztlich nicht mehr behandelt, weil man sie nicht in die Kliniken lässt, die Unterkünfte für Obdachlose machen dicht, und selbst die Tafeln, auf die viele angewiesen sind, um satt zu werden, sind verschwunden. „Ist dir klar, was passieren kann?", fragte Susanna. „Es kann sein, dass die Hälfte der Leute, die wir vom Kiez kennen und die keine Bleibe haben, einfach wegstirbt." Wir mussten gar nicht lange weiterreden, die Entscheidung, etwas zu tun, dass wir aktiv werden mussten, stand unausgesprochen im Raum. Ich hatte vor Kurzem einen Song gehört, in dem es eine Liedzeile gab, die mir die ganze Zeit im Kopf herumschwirrte: „Wer, wenn nicht wir?" Diese Worte trafen es auf den Punkt. Sie sagten genau das aus, worauf es jetzt ankam, und das ist auch meine Lebensphilosophie: dass wir zusammenhalten müssen, dass es keine andere Möglichkeit gibt, als selbst anzupacken.

Susanna musste aufgrund ihres Asthmas besonders gut auf sich achtgeben, sie zählte zur Risikogruppe, und deshalb stand von Anfang an fest, sie sollte die „Zentrale“ leiten, wo alle Drähte zusammenliefen. Von unserem Büro aus, wo sie möglichst wenig direkten Kontakt zu anderen Menschen hatte, kümmerte Susanna sich um die gesamte Orga. Und sie hatte alle Hände voll zu tun, denn sobald „Wer wenn nicht wir“ gestartet war, liefen die Drähte heiß, bei Susanna ebenso wie im Keller, wo Dirk die Stellung hielt. Täglich beantwortete Susanna Hunderte E-Mails und Anrufe! Susanna war bereits als Krisenmanagerin voll ausgelastet, aber als wäre das alles nicht genug, musste sie sich auch noch um den ganzen Behördenkram kümmern, den es infolge des Lockdowns zu regeln galt, die Überbrückungsgelder für unsere Läden, Kurzarbeitergeld für unsere Mitarbeiter beantragen und vieles mehr. Bei den Behörden herrschte das reine Chaos, anders kann man es im Nachhinein leider nicht sagen. Der damalige Finanzminister Scholz versprach im März, allen finanziell unter die Arme zu greifen, die Hilfe nötig hatten, schnell und unbürokratisch. Das klappte ja dann doch nicht so ganz. Kurz vor der Bundestagswahl saß ich mit ihm in einer TV-Debatte und konfrontierte ihn damit, dass viele Läden dichtmachen müssen, weil sie es einfach nicht schaffen. Er versprach vieles, Politikerblabla, damit war uns auf dem Kiez aber auch nicht geholfen. Ich kenne viele Menschen aus meinem Umfeld, die heute durch Corona hoch verschuldet sind, die Kosten liefen, aber sie verdienten keinen Euro. Wir selbst konnten die Schließung unserer Läden nur dadurch finanziell überleben, dass wir alles zu Geld machten, was möglich war. Private Rücklagen brauchten wir restlos auf, Versicherungen, die als Altersvorsorge für meine Mutter gedacht waren, lösten wir auf, sogar den Bausparvertrag, den wir für Lennox angelegt hatten. Ich habe damals in Interviews über unsere Situation berichtet. Tatsächlich schrieben mir Leute, die meinten: Da könnt ihr sehen, was das für schlechte Eltern sind, die den Bausparvertrag des Kindes auflösen. So etwas machte mich rasend! Können diese Idioten nicht eins und eins zusammenzählen?, dachte ich. Wir waren damals auf jeden Cent angewiesen, um unsere Verbindlichkeiten zu bedienen. Hätten wir uns anders verhalten, wären wir pleitegegangen und hätten absolut alles verloren, was wir besaßen, und wären jetzt hoch verschuldet.

Unsere Not war aber nichts im Vergleich zu der jener, die gar nichts hatten.

Während Susanna die Stellung im Büro hielt, war für mich klar, ich muss auf die Straße, ich muss vor Ort sein und mitanpacken. Damals wussten wir kaum etwas über das Virus und wie es übertragen wurde. Um Susanna zu schützen, waren wir beide extrem vorsichtig im Umgang miteinander. Wenn ich nach Hause kam, lief es jedes Mal so ab: Susanna hatte eine Kiste für mich vor der Haustür bereitgestellt. Draußen zog ich mich nackt aus, warf meine gebrauchten Klamotten in diese Kiste und desinfizierte mich von Kopf bis Fuß. Erst dann betrat ich das Haus, lief schnell nach oben ins Bad, schmiss die Klamotten in die Waschmaschine und duschte lange und heiß. Erst nach dieser Prozedur näherte ich mich Susanna. Körperkontakt hatten wir zehn Wochen lang so gut wie gar nicht, aus Sorge, ich könnte Susanna anstecken. Nicht einmal einen Kuss gab es, ich bin abgedreht. War eine heftige Situation.

Der Kreis unserer Mithelfer und Unterstützer bei WerWennNichtWir wuchs rasant an. Menschen aus den unterschiedlichsten Bereichen kontaktierten uns und wollten mitmachen. Die Hilfsaktion hatte sich wie ein Lauffeuer herumgesprochen. Auch die Presse wurde auf uns aufmerksam und berichtete in Zeitungen und TV-Beiträgen. Aus der Idee wurde eine Aktion, aus der Aktion eine Welle der Solidarität, und daraus resultierte schließlich der eingetragene Verein „Wer wenn nicht wir". Zu Hoch-Zeiten waren wir um die dreißig aktive Mitstreiter, die sich Tag für Tag um Hunderte Menschen auf dem Kiez kümmerten: an erster Stelle um die Obdachlosen, aber auch um diejenigen, die bislang schon kaum Geld zum Leben hatten und jetzt vor dem Nichts standen: alte Menschen, die von einer Minirente leben mussten. Dazu kamen Künstler und Kulturschaffende, die im Lockdown arbeitslos geworden waren und ohne Absicherung dastanden. Sie alle waren in eine akute Notlage geraten und fielen durch das soziale Sicherungsnetz. Manche schafften es aus gesundheitlichen oder Altersgründen nicht, selbst zu uns zu kommen, also organisierten wir einen Fahrdienst und fuhren zu ihnen nach Hause. Alle diese Menschen versorgten wir mit Nahrung, Kleidung, Hygieneartikeln, wenn nötig, organisierten wir sogar Medikamente.

Der Elbschlosskeller öffnete jetzt wieder seine Tür, und aus unserer Kneipe wurde für mehrere Stunden am Tag eine Suppenküche.

16 | Station No. 11: Der Elbschlosskeller, diesmal nur ganz anders

Mein ganzer Freundes- und Bekanntenkreis hat sich durch Corona verändert, Paare haben sich getrennt, andere kamen zusammen, Menschen verschwanden aus meinem Blickfeld, neue kamen hinzu, es ist viel auseinandergebrochen und auch zusammengewachsen. Bis dahin war ich der festen Überzeugung, nach so vielen Jahren hier kenne ich die meisten Leute, die auf dem Kiez leben oder hier eine Rolle spielen. Da lag ich falsch. Ich begegnete auf einmal neuen Gesichtern, die ich noch nie wahrgenommen hatte. Der ganze Stadtteil war ja bedrückt, fast depressiv, und man besuchte sich gegenseitig in den Wohnungen und WGs, hatte immer ein Ohr füreinander.

Da gab es zum Beispiel einen Spanier, den ich bei der Mahnwache für den Kiez kennenlernte, die wir auf dem Spielbudenplatz rund um die Uhr abhielten. Ein toller Typ, der nach St. Pauli gekommen war, weil er gehört hatte, dass man sich ausleben könne. Jetzt im Lockdown, erzählte er bedrückt, da fühle er sich, als habe man ihm die Flügel gestutzt. Dann gab es die kleine polnische Oma, die immer behauptete, keine Ahnung warum, sie sei eine Holländerin. Ich traf sie in jeder dritten Wohnung an, weil sie nicht alleine sein konnte und sich in jeder Bude, in der sie unterkam, um die Menschen kümmerte und sie betüddelte. Von der Mahnwache gingen wir häufig rüber ins Dragsloch, hier saßen auch immer andere Leute zusammen. Es war ein ständiger Austausch, Freunde, Bekannte, Fremde, ein Kommen und Gehen.

Manche meiner Freunde lernte ich in diesen Tagen von einer ganz neuen Seite kennen. Eve Champagne zum Beispiel. Sie stand eines Tages vor dem Elbschlosskeller, um Lebensmittelspenden abzuholen. Dass selbst sie, ein bekannter Burlesque-Star, in eine Notlage geraten war, hätte ich nicht erwartet. Aber so wie Eve ging es vielen anderen Künstlerinnen und Künstlern. „Manche schämen sich, fremde Hilfe anzunehmen", erzählte Eve, „und trauen sich nicht, selbst zum Elbschlosskeller zu kommen, also versorge ich sie und bringe ihnen Lebensmittel nach Hause." Eve startete dann über ihre Social-Media-Kanäle eine eigene Spendenaktion, bei der mehrere Tausend Euro zusammenkamen. Das war großartig, aber Eve zahlte für ihre Hilfsbereitschaft am Ende noch drauf: Zwölf befreundeten Künstlern auf St. Pauli konnte mit dem Geld geholfen werden. Ich wollte, dass wir gemeinsam körperlich und geistig unversehrt aus dieser Zeit kommen. Und das haben wir auch geschafft. Und dann, ein paar Monate später, bekam ich den Bescheid des Finanzamtes, dass ich auf die Spenden doch ganz normal die Einkommenssteuer zahlen sollte. Alter, dachte ich: Wovon denn? Ich hatte doch noch nicht einmal Arbeit.

Mit Eve fing ich an, Fahrten zu Supermärkten zu unternehmen, um abgelaufene Lebensmittel abzuholen. Wir machten jeden Tag unsere Runde durch Hamburg und waren dabei die meiste Zeit am Sabbeln.

Wir waren mittlerweile viele bei „Wer wenn nicht wir", aber mir war es wichtig, dass es keine Hierarchien gab. Jeden Morgen hielt ich als Erstes eine kleine Ansprache, um die anderen anzuheizen: „Ich stelle diese vier Wände zur Verfügung und möchte, dass wir alle auf dem gleichen Level sind. Ihr seid nicht hier, weil ich euer Chef bin, sondern ihr seid für euch hier, damit wir gemeinsam etwas für andere leisten. Keiner weiß, was gerade da draußen passiert. Die letzten Instanzen haben dicht, die Obdachlosen können nirgendwo mehr rein, und wir müssen für sie jetzt zusammenhalten." Danach gingen alle motiviert an die Arbeit. Und am Abend setzten wir uns wieder zusammen, um den Tag Revue passieren zu lassen.

Drei, die von Anfang an mitmachten, waren Philip, Natalya und Maria. Philip ist Portugiese, Natalya stammt aus Polen, Maria ist Griechin. Natalya und Maria kamen vor sechs Jahren nach Deutschland und lernten sich in einem Deutschkurs kennen, bevor sie anfingen, in der Gastronomie zu jobben. Philip ist ein guter Bekannter und Angestellter von mir, eine Barkraft, und er kam dann mit Natalya zusammen. Seit einiger Zeit arbeiten alle drei für uns an der Bar. Ohne darüber nachzudenken, haben diese drei das ganze Ding mit uns durchgezogen. Anfangs hatte die Aktion einen Hauch von Woodstock, von Rebellion, ein bisschen „Wir verändern die Welt" lag in der Luft. Wenn ich morgens in den Elbschlosskeller kam, waren Philip, Natalya und Maria immer schon vor Ort, um alles zu regeln. Der ganze

Keller stand voll mit neuen Lebensmittelspenden, alle paar Minuten kamen Leute vorbei, um ihre Spenden abzugeben.

Der einzige Laden, der auf dem Kiez öffnen durfte, war der Elbschlosskeller. Von 9 Uhr bis 11 Uhr war Spendenannahme und von 11 Uhr bis 13 Uhr Essensausgabe, täglich wurden 250 Frauen und Männer versorgt und wir fuhren noch einmal zu 50 Leuten nach Hause. Abends auf meinen Heimfahrten klapperte ich noch einmal vier oder fünf Stationen ab, die auf dem Weg lagen, und brachte alten oder gebrechlichen Leuten Lebensmittel vorbei. Im Elbschlosskeller wurde es irgendwann zu eng, wir wichen auf unsere anderen Läden aus. In dem einen wurde gelagert und sortiert, in dem anderen katalogisiert, bis alles wieder in den Keller zurückwanderte und verteilt wurde. Lebensmittel, Schuhe, Isomatten, Decken – alles, was die Menschen brauchten. Schon lange bevor die Essensausgabe startete, bildete sich jeden Tag eine lange Schlange draußen vorm Keller. Auch das musste coronakonform organisiert werden. Auf dem Bürgersteig wurden Warteplätze mit Strichen markiert, damit die Abstände eingehalten wurden. Und das wurden sie, dafür sorgte Axel.

Der ist auch eine Kiez-Ikone, jahrzehntelanger Stammgast in Handschuh und Elbschlosskeller. Ein Hamburger Original, obwohl er Bayer ist mit bayerischem Schnack, den fast niemand versteht. Er hat auch schon einige Monate lang im Keller geschlafen, als er keinen Schlafplatz hatte. Er war unser Türsteher und unsere Security in der Coronazeit und passte auf wie ein Schießhund. Wenn er mich von Weitem kommen sah, rief er mir entgegen: „Hab alles im Griff!“ Wehe, wenn sich jemand danebenbenahm oder meinte, sich zum Kasper machen zu müssen, der hatte bei Axel schlechte Karten und wurde des Platzes verwiesen. Wenn 200 Leute in der Schlange stehen, jeweils mit 1,50 Meter Abstand, gab es immer auch welche, die versuchten, sich etwas zu ergaunern, indem sie sich dreimal anstellten. Oder es kam zu Prügeleien. Dann griff Axel ein. Er ist ein alter Hooligan, korpulenter kleiner Typ, bullig, mit Glatze – der ich weiß nicht was für eine Störung hat. Er schneidet sich, wenn er depressiv ist, ein Stück Fleisch aus dem Unterarm. Nicht wie die typischen Borderliner, die sich ritzen, er hat zweieurostückgroße Narben auf seinen Unterarmen. Du erkennst die Zeitabstände der Verletzungen, die untersten Kreise sind ein paar Jahre her, die obersten gerade am Verheilen. Irre. Axel mag eigentlich keine Polizisten. Einmal kam ein Schutzmann in den Keller, vor dem er sich aufstellte und ihn angiftete: „Verpiss dich, Bullenschwein." Und wenn man dann hört, dass er mit Tessi ganz normal kommuniziert, das ist schon schräg. Die beiden stehen auf unterschiedlichen Seiten, aber sie respektieren sich auf gewisse Art und Weise.

Ohne einen besonderen Menschen wäre unsere ganze Aktion nicht so reibungslos verlaufen, wie es der Fall war – und das war Tessi, der Polizist. Am ersten Tag ging ich rüber zur Davidwache und bat ihn um seine Unterstützung, wenn es um Fragen der Organisation ging. Von da an waren wir die ganze Zeit über im Gespräch. Ich weiß, Tessi ließ seine Kontakte spielen, half uns beispielsweise beim Ordnungsamt, wenn es darum ging, Genehmigungen einzuholen. Mir war bewusst, dass wir hier und da einige Grenzen der damaligen Coronaregeln überschreiten konnten, mir war aber auch klar, wenn uns jemand ein Bein stellt, dann hat wer auch immer, welche Behörde, welche Person, die absolute Arschkarte gezogen, dann gehen die Leute auf die Barrikaden. Das war auch ein Grund, warum unsere Aktion geduldet wurde. Es gab Beamte, die konkret mithalfen, und solche, die im Hintergrund waren und die Augen zukniffen. Es war tatsächlich so, dass die Mitarbeiter des Ordnungsamts, wenn sie ihre Kontrollgänge am Hamburger Berg machten, auf der anderen Straßenseite gingen und demonstrativ zur Regenrinne hochschauten, weil sie nichts sehen wollten, was sie hätten nicht durchgehen lassen dürfen. Das war anständig und eine große Hilfe, wobei wir – das will ich ausdrücklich sagen – immer versuchten, uns streng an alle Vorgaben zu halten.

Auf Tessis Initiative wurde – was überfällig war, weil täglich 250 Menschen vor der Tür des Elbschlosskellers standen – eine Toilette beim KFC aufgestellt, die es heute noch gibt. „Ich fragte mich, was wird aus den Leuten, die hinten im Elbschlosskeller wohnen", sagte Tessi, „oder aus denen, die zum Pinkeln oder zum Waschen reingegangen sind oder nur zum Trinken, weil dort ihr Wohnzimmer war, ihr Anlaufpunkt, nun gab es nichts mehr. Die Leute fragten mich: ‚Tessi, wo soll ich aufs Klo gehen?' Sie standen mit zusammengekniffenen Beinen vor mir, auch die Mädels, und sagten: ‚Ich muss mal.' Wir haben alles versucht, über die Stadt Hamburg etwas zu organisieren, zack, zack, hier muss doch jetzt mal was passieren, hier müssen Flüssigklos hingestellt werden, irgendeine Wasserversorgung, irgendwas muss passieren; wir brauchen eine Gulaschkanone, die Leute haben nichts zu essen. Aber es passierte nichts. Dann das Problem mit der Hygiene. ‚Hey, Tessi, ich stinke schon, wo kann ich hin?' Immerhin wurde das Bäderland-Bad St. Pauli neben dem Millerntor-Stadion ausschließlich für Obdachlose aufgemacht, damit sie sich endlich wieder waschen und duschen konnten. Aber es machte sich niemand Gedanken, wie kommt da jemand hin?"

Dafür organisierten wir einen Kleinbus, mit dem wir die Leute befördern wollten. Und wieder tat sich ein Problem auf: Laut Pandemieverordnung war die Anzahl der Haushalte beschränkt, die gleichzeitig in einem Bus oder Pkw fahren durften. Jetzt hatten wir zwar einen Bus und einen Ort zum Waschen, durften die Obdachlosen aber nicht einsammeln und zusammen zu der Badeanstalt fahren. Jeden einzeln zu befördern, wäre aus Zeitgründen unmöglich gewesen. Wir bauten als Erstes Trennwände in dem Bus ein, aber das reichte nicht aus. Wieder war es Tessi, der die Situation rettete. Er fand heraus, dass Obdachlose, wenn sie gemeinsam Platte machten, als eine Haushaltsgemeinschaft galten. Dementsprechend durften wir also jetzt vier bis sechs Leute zum Waschen fahren.

Heute ist es so, dass wir durch den Verein immer noch dreißig bis hundert Menschen pro Woche mit Lebensmitteln versorgen, an drei Tagen – montags, mittwochs und freitags –, an unterschiedlichen Standorten aus unserem Kleinbus heraus, mit dem wir auch weiterhin Obdachlose zum Duschen fahren. Außerdem wollen wir verstärkt Kinder unterstützen, die unter der Coronasituation gelitten haben, weil sie zu lange zu wenige soziale Kontakte hatten. Die Idee ist, dass wir zweimal im Jahr – einmal im Sommer, einmal im Winter – über ein Wochenende mit einer Gruppe von zwölf Kindern in den Schwarzwald fahren. Kinder, die als schwer erziehbar gelten, sogenannte „Problemfälle", Kinder, die aus sozial schwachen Familien stammen und keine Chance haben, aus ihrem Alltag rauszukommen, weil sie so etwas wie Urlaub nicht kennen. Eine Tour haben wir in diesem Jahr schon gemacht. Die Reaktionen der Kinder haben uns total darin bestärkt, damit weiterzumachen. Wir hatten zum Beispiel ein Geschwisterpaar dabei, deren Mutter insgesamt fünf Kinder von fünf verschiedenen Vätern hat. Die beiden sind regelrecht aufgeblüht und auch für die Mutter war das Wochenende mal eine Entlastung.

Für mich persönlich waren die Monate während des Lockdowns und unserer Arbeit für den Verein auch eine wichtige Phase in meinem Heilungsprozess, der in den USA begonnen hatte. Es gab keine Gelegenheiten, um Party zu machen und rückfällig zu werden, das war schon mal hilfreich. Dafür hätte mir aber auch die Zeit und Energie gefehlt. Der Tag war mit 24 Stunden ohnehin schon zu kurz. Ich bin jemand, der sich schnell verlieren kann, und bei „Wer wenn nicht wir" war es so, dass ich dieses Engagement aus voller Überzeugung machte – und immer noch mache – und nicht weil ich im Mittelpunkt stand, von vielen bewundert und gebauchpinselt wurde. In anderen Situationen hätte ich mir darauf etwas eingebildet, dann wäre ich wieder zurückgefallen in das alte Muster, das ich schon beschrieben habe. Dieses Mal aber wollte ich es richtig machen.

Im Rückblick auf die Zeit seit 2020 müssen wir viel beklagen: Wir haben mittlerweile 34 Menschen verloren, Freunde, Bekannte, Mitarbeiter, Stammgäste, Menschen, die uns ans Herz gewachsen und Teil unseres Lebens waren. Keiner von ihnen starb an Covid, sondern durch Alkohol und Drogen, Krankheiten, Einsamkeit, Suizid. Einige kannte ich gut und lange, sie begleiteten mich über Jahre, und von ihnen kenne ich viele Storys. Andere kannte ich weniger gut, denen habe ich vielleicht ein paarmal die Hand geschüttelt, aber an sie alle erinnere ich mich.

Die Keller-Toten … dass sie weg sind, ist nach wie vor schwer zu verkraften. Vor allem denke ich an ihn: an meinen Vater. Lothar Schmidt. Einer der Toten des Jahres 2021.

17 | Station No. 12: Auf dem Spielbudenplatz bei Lydia, der kämpferischen Lakritzhändlerin

Kommt man nach St. Pauli, läuft man früher oder später über den Spielbudenplatz, den größten Platz des Viertels. Man kann ihn gar nicht verfehlen. Auf der einen Seite wird er von Davidstraße und Davidwache begrenzt, auf der anderen von den Tanzenden Türmen, zwei Hochhäusern, deren abgeknickte Form den Eindruck vermittelt, als würden diese beiden Kolosse aus Glas und Beton ein Tänzchen aufführen. Nett ausgedrückt kann ich den Platz als nichtssagend bezeichnen. Das, was der Platz zu bieten hat, befindet sich um ihn herum. Zum Beispiel das Docks, wo ich mit vierzehn meine Clubpremiere hatte, der frühere Clochard, von dem ich erzählt habe, und dann gibt es einige Kulturstätten wie das Musicaltheater Operettenhaus, wo der Dauerbrenner *Cats* aufgeführt wurde, das St. Pauli Theater und das Schmidts Tivoli. Auf dem Platz selbst finden regelmäßig Konzerte statt, Märkte wie der St. Pauli Nachtmarkt, der Schlagermove und das Reeperbahnfestival, und im Dezember gibt es noch „Hamburgs geilsten Weihnachtsmarkt“, so nennt er sich tatsächlich. Nicht zu vergessen, die Verkündung der deutschen Wertung beim Eurovision Song Contest.

Meine Erinnerungen an den Spielbudenplatz sind widersprüchlich. Am wichtigsten war für mich in jüngster Vergangenheit die Mahnwache für den Kiez, die hier abgehalten wurde. Aber ich denke auch an eine Situation des massiven Feierns, die ich während einer WM beim Public Viewing auf dem Spielbudenplatz erlebte. Die deutsche Nationalmannschaft hatte gewonnen und meine Kumpels und ich feierten unsere Jungs. Ich – oberkörperfrei und im Hardcorevollsuff – kletterte auf einen Biertisch, sprang vor Freude in die Luft, so hoch wie möglich, und landete mit einem Riesenknall mit dem Rücken auf der Tischplatte, die sofort auseinanderbrach. Dass ich mir dabei nichts tat, grenzte an ein Wunder, oder ich merkte es nur nicht. Die Leute um mich herum johlten und klatschten Beifall. Das ist eine brachialasoziale Szene, die ich mit dem Spielbudenplatz verbinde.

Der komplette Kontrast war die Mahnwache: Da war ich besonnen, bewusst, und natürlich komplett nüchtern.

Die Idee der Mahnwache bestand darin, konstant und sichtbar darauf hinzuweisen, dass der Kiez kaputtgemacht wird, wenn ein Lockdown auf den nächsten folgt. Lydia, die Lakritzhändlerin, war eine der Initiatorinnen. Von den Menschen, die ich durch die Pandemie kennenlernte, ist Lydia an erster Stelle zu nennen. Seitdem ist sie für mich vom Kiez nicht mehr wegzudenken. Bei „Wer wenn nicht wir“ fuhr sie beständig Lebensmittel aus, konnte die Mannschaft immer wieder motivieren und mitreißen. Lydia hat Biss. Sie ist auch diejenige, die „Wer wenn nicht wir“ heute noch mit am Laufen hält.

Lydia Lefeldt, 55 Jahre

Lakritzhändlerin

„Anarchie im besten Sinne.“

Dem Elbschlosskeller verdanke ich eine Narbe. Ich hatte da irgendwann einen Spontan-Absturz, schaffte es anschließend noch tapfer bis nach Hause und fiel dann vor meiner Haustür hin. Daniel traf ich das erste Mal, nachdem er auf Facebook zu Lebensmittelspenden aufgerufen hatte, um die Leute auf dem Kiez mit Essen zu versorgen. Ich bin Marktbeschickerin und fühlte mich spontan angesprochen. Eine großartige Aktion, dachte ich. Auf meinem nächsten Markt, dem Isemarkt, sprach ich die Händler an. „Daniel aus dem Elbschlosskeller kocht für die Obdachlosen. Würdest du was spenden? Hast du was übrig, was ich mitnehmen kann?“, habe ich rumgefragt. Nach und nach hatte ich mehrere Kisten mit Gemüse und ein paar Paletten Eier beisammen und brachte das alles in den Elbschlosskeller. Zu dem Zeitpunkt war alles erst im Entstehen, es gab einen Tisch mit Gaskocher, einen großen Topf, in dem etwas köchelte, während Natalya und Maria Brote schmierten.

Ein paar Tage später wiederholte ich meine Aktion auf dem Wochenmarkt und sammelte wieder Nahrungsspenden ein, die ich wieder bei Daniel vorbeifuhr. Mittlerweile hatte sich die Lage im Elbschlosskeller verändert, der platzte aus allen Nähten. Andere Gastronomen hatten ihre Lager geleert und ihre Bestände in den Elbschlosskeller gebracht. Philip schaute mich hilflos an. Ich weiß gar nicht mehr, was ich machen soll, sagte sein Blick. „Die stellen alles ab und sind wieder weg“, meinte er zu mir. Ich habe nicht lange gefragt, sondern packte mit an. Die Lebensmittel mussten in die Kühlung, alles musste verräumt werden. In den Kühlschränken herrschte das totale Chaos. Ich schnappte mir ein Klebeband, machte Beschriftungen, um Ordnung zu schaffen, sortierte alles um: Hier Fleisch und Wurst. Hier nur Gemüse. Es sollte sauber getrennt sein, falls das Ordnungsamt zur Kontrolle vorbeikam. So rutschte ich mehr und mehr in diese Geschichte hinein. Gleichzeitig kamen immer mehr Leute vorbei, die etwas zu futtern brauchten, Klamotten oder Hygieneartikel. Ich habe mich in den nächsten Monaten auf die Hilfe konzentriert, das konnte ich aber auch nur, weil ich selbstständig bin.

Ich bin ein Hamburger Arbeiterkind, wir wohnten zu fünft auf 65 Quadratmetern, drei Kinder, zwei Erwachsene. Ich teilte mir mit meinen Geschwistern ein Zimmer. Das war normal. Ich habe die Schule zu Ende gemacht. Zehnte Klasse, Mittlere Reife. Dann eine Bewerbung geschrieben und bin genommen worden: Gärtnerin gelernt, aber nie in dem Job gearbeitet. Mit siebzehn zog ich aus, es ging zu Hause nicht mehr. Ich musste weg und bin von einem Tag auf den anderen raus bei meinen Eltern. Dann habe ich kurz bei meinem Freund gewohnt, suchte mit ihm zusammen eine Wohnung in der Schanze. Und irgendwie ging es immer so weiter. In meinem Leben ist nichts zielgerichtet gewesen, soll heißen, ich habe nie einen konkreten Plan verfolgt, bin aber nicht völlig planlos, damit kein falscher Eindruck entsteht.

1988 zog ich nach Berlin, wo ich dreißig Jahre abgerissen habe. Seit 2018 bin ich zurück in Hamburg, lebe in der Altonaer Altstadt. Ich wohne jetzt zur Untermiete bei einem alten Freund und besuche oft meine Eltern.

Heute verkaufe ich Lakritze, habe einen Dreimeterhänger und hundert Sorten im Angebot, ziehe von Markt zu Markt, bin unter anderem mittwochs auf dem Nachtmarkt auf dem

Spielbudenplatz. Wie ich zur Lakritze kam? In Berlin handelte ich mit Kaminholz. Das lief im Winter gut, im Sommer schlecht. Ich machte mir Gedanken, womit ich sonst noch Geld verdienen könnte. Mein Freund Carlo aus der Uckermark bot mir sein Gemüse an, um es auf Märkten zu verkaufen. Ich schaute mir viele Märkte an und traf dort alte Bekannte. Eins kam zum anderen und plötzlich betreute ich einen Kaffeestand auf einem Markt in Lichtenberg. Dann brachte mich ein Marktkollege darauf, Brownies zu backen und anzubieten. Und über wieder einen anderen Kollegen kam ich auf die Lakritze, die ich in mein Sortiment aufnahm. Erst wenige Sorten, aber als die gut ankamen, baute ich dieses Geschäft aus, bis ich irgendwann nur noch mit Lakritze handelte.

Lakritze ist eine Wissenschaft für sich. Fast alle mögen Schokolade, aber bei Lakritze ist es so: Man liebt sie oder hasst sie. Lakritze ist nicht gleich Lakritze – wer sich mit ihr beschäftigt, dem tut sich ein buntes Universum von dreifach salzig bis zuckersüß auf. Lakritze besteht aus Süßholz. Und nicht aus Pferdeblut! Das ist ein Märchen, das man Kindern erzählt, damit sie nicht so viel davon essen. Schon seit dem Mittelalter wird die Lakritze als Heilmittel eingesetzt. Sie ist gut für den Magen, für die Atemwege. Ich mag eigentlich alle Sorten, nur eine nicht: Veilchenlakritze, die schmeckt, als wenn du bei Oma in die Seife beißt.

Dass ich mich auf St. Pauli engagiere, liegt daran, dass ich eine leicht anarchistische Weltvorstellung habe. Ich rede nicht von einer Antifa-Anarchie – nach dem Motto „Alles ist scheiße" und „Alles ist Chaos", mir geht es darum, dass Menschen sich aus Solidarität für andere einsetzen, ohne dass einer den Hut aufhat. Anarchie ist für mich, in einer gewaltlosen Ordnung ohne Herrschaft zu leben. Diese Vorstellung einer Gesellschaft ist der rote Faden in meinem Leben. Ich versuche, es in diesem Sinne zu gestalten, und wenn es mir gelingt, befriedigt mich das. Bei WerWennNichtWir hat das funktioniert. Das war Anarchie im besten Sinne. Das Ordnungsamt machte einen großen Bogen um uns. Das Gesundheitsamt ließ uns in Ruhe. Die Cops störten uns nicht. Ich glaube, hätten sie in dem Moment gesagt: Wir machen den Elbschlosskeller zu, dann hätte es Randale gegeben. Die Solidarität entstand aus dem Kiez heraus. Wenn die Leute einkaufen gingen, fragten sie uns: Was braucht ihr noch? Ja, wir brauchen noch ein paar Gurken und Wasser. Und zack sind sie wiedergekommen und haben das Gewünschte vorbeigebracht. So etwas habe ich vorher noch nicht erlebt, das wird es so auch nie wieder geben. Und deshalb war ich manchmal sprachlos und dachte nur: Genau mein Ding! Wir können hier wirklich machen, wie wir es wollen.

Ich mag das Nichtspießige. Ich mag es dreckig. Ich fahre gerne in die Nebenstraßen, liebe Kopfsteinpflaster. Ich mag es, wenn nichts gerade ist, wenn nichts neu ist. Das gilt für die Orte, an denen ich mich wohlfühle, aber auch für die Menschen, die ich mag. Und deswegen ist St. Pauli so etwas wie meine geistige Heimat. Und wenn ich ein emotionales Zuhause auf dem Kiez habe, dann ist es ganz klar der Elbschlosskeller. Hier trifft man Menschen ohne Allüren oder Anspruchshaltung. Auf dem Kiez ist nichts geleckt. Das Menschsein zählt. Woher du kommst oder was du machst oder was du vorher gemacht hast, interessiert nicht. Ein Beispiel: Die Inhaberin vom Amsterdam Headshop, Nicky Wichmann, kenne ich durch die Mahnwache. Die „Mahnwache für den Kiez" haben Daniel, Tine von KaroKocht, ich und noch jemand beim zweiten harten Lockdown aufgezogen. Eine 24/7-Einzelmahnwache zum Mitmachen für jedermann. Da haben auch so viele Menschen teilgenommen, dass wir es geschafft haben, im Lockdown 159 Tage rund um die Uhr auf dem Spielbudenplatz zu sein. Das war Wahnsinn. Einmal, es war im Winter, draußen herrschten harte Minustemperaturen, sagten wir, wir machen jetzt warmes Essen und werden abends die Platten abfahren, damit die Obdachlosen vorm Schlafen noch was in den Bauch kriegen. Nicky Wichmann wohnt in einem Hochhaus an der Reeperbahn, wo sie auch ihren Laden betreibt. Sie konnte mir genau sagen, wer wo pennte und wie die Leute hießen. Daran sieht man: Die Leute achten aufeinander. Selbst der Penner an der Ecke – er hat einen Namen. Er ist nicht anonym, er ist hier jemand. Das gibt es in dieser Form in keiner anderen Gegend. Woanders würden die Nachbarn sagen: „Der Penner, der muss da weg, den wollen wir nicht haben, der stört das Gesamtbild."

***

Das ist es, was Lydia meint: Wenn man hier an die richtigen Leute gerät, ist es völlig egal, wer du bist, woher du kommst, dann kannst du schnell Fuß fassen und ein Teil von etwas sein. Und irgendwie zogen wir die ungewöhnlichsten Menschen an, unbewusst, für die wir wiederum etwas bewirkten. Was du ausstrahlst, ziehst du an – ist ja meine Lebensphilosophie. Du kannst hier aber genauso an die falschen Leute geraten, dann kann es böse enden. Manchmal ist der Kiez ein Drahtseilakt.

Tom zum Beispiel – woher er während des Lockdowns kam, kann ich nicht sagen, aber er war eines Tages da. Hat sich an Lydia und mich rangehängt. Tom war zwanzig Jahre alt, zwei Meter groß, und als ich ihn das erste Mal sah, wog er vielleicht siebzig Kilo. Jetzt sieht er besser aus, hat auch zugelegt. Damals hättest du nur pusten müssen und er wäre weggeweht. Er hat ein großes Herz, ist aber etwas naiv und ist früher immer an die Falschen geraten. Er wurde in seiner Gegend von einer Gang erpresst und ausgenutzt. Deswegen hat er sich ein ganzes Jahr lang in seiner Wohnung eingeschlossen, er traute sich nicht mehr vor die Haustür. Auch seine Mutter wurde eingeschüchtert und bedroht. Schließlich sind sie in eine andere Gegend gezogen. Tom sah im Fernsehen, was wir auf dem Kiez auf die Beine stellten, setzte sich ins Auto und fuhr zum Elbschlosskeller. Riesengroß, spindeldürr, mit tiefer Stimme stand er da und meinte nur, ja, er wolle, er wolle … ja, was eigentlich? Das wusste er selber nicht. Dabei sein wollte er, ein Teil von etwas werden. Als ich seine Geschichte hörte, nahm ich ihn ein bisschen unter meine Fittiche, er half hier und dort, wurde unser Mann für alle Fälle. Sein Selbstbewusstsein wurde stärker, er wurde kräftiger. Dann aber veränderte sich etwas. Auf einmal fuhr er einen Maserati, hatte ein großkotziges Auftreten, das gar nicht zu ihm passte. Ich erfuhr, dass er ganz kurz davor war, Anwärter bei einer Motorradgang zu werden. Philip und ich fuhren zu ihm nach Hause, er wohnte immer noch bei seiner Mutter. Als sie uns die Tür öffnete, erstarrte sie. Oh Gott, mein Sohn bekommt jetzt in die Fresse, dachte sie bei unserem Anblick bestimmt. Wir nahmen Tom zur Seite und redeten ihm ins Gewissen. „Was, meinst du, wollen die von dir? Denkst du, du kannst bei denen jetzt einen auf Zuhälter machen und mitspielen? Die knechten dich die nächsten zehn Jahre.“ Das war für ihn ein Weckruf, gerade noch rechtzeitig. Seine Mutter sagte zu Tom: „Sei froh, dass du solche Freunde hast.“ Er hat es geschafft auszusteigen und hat die Kurve gekriegt. Zurzeit macht er eine Lehre.

So ist es hier: Du kannst schnell Kontakte schließen, aber genauso schnell auch an die falschen Leute geraten, wenn du ein bisschen naiv bist.

18 | Zu spät

Ich hatte es zweimal mit Entgiftungen versucht, beide Male war die Besserung nur von kurzer Dauer. Ich ging nach Amerika und machte dort endlich einen Riesenschritt nach vorne. Ich konsumierte nichts mehr, kam voller Elan zurück, war trotz des drohenden Lockdowns guter Dinge. Dann kam „Wer wenn nicht wir", und ich fühlte mich zum ersten Mal wieder stabil und stand mit beiden Beinen im Leben. Aber als ich im März 2021 die Nachricht vom Tod meines Vaters erhielt, schmiss es mich wieder komplett aus der Bahn. Seit dem Tod meiner Schwester Jana-Joy hatte ich nie mehr solche Mengen an Alkohol getrunken, meine extreme Phase im Jahr zuvor eingerechnet. Sein Tod versetzte mir einen Stich ins Herz. Den zweiten meines Lebens. Der erste, das war der Faustschlag ins Gesicht meiner Mutter, der alles veränderte. Damals auf dem Campingplatz, als der Streit unserer Eltern so dramatisch eskalierte und von heute auf morgen für meine Schwester und mich eine Bilderbuchkindheit beendete. Unser Vater, dieser kernige Typ mit Goldkette, unser Fels in der Brandung, löste sich für mich auf. Und nach dem endgültigen Zerwürfnis zwischen ihm und meiner Mutter brach, wie ich schon erzählte, auch mein Kontakt zu ihm ab. Darunter habe ich die ganzen Jahre wahnsinnig gelitten.

Wenn ich heute an meinen Vater denke, dann versuche ich die Szene auf dem Campingplatz auszublenden, auch wenn es schwerfällt. Stattdessen versuche ich, an zwei Situationen zu denken, in denen ich mich ihm so nahe fühlte wie nie zuvor und die beide unmittelbar zusammenhängen. Jana-Joy lag im Sterben. Sie hatte diesen verdammten Tablettencocktail geschluckt, um sich das Leben zu nehmen. Als ich davon hörte, fuhr ich sofort zu ihr ins Krankenhaus und traf dort meinen Vater. Er kam auf mich zu und nahm mich fest in die Arme. Ich spürte das Weinen in seinem Brustkorb, der sich so dehnte, dass ich dachte, er sprengt mich an die Wand. Noch nie hatte ich so viele, so starke Emotionen in diesem Mann gespürt wie jetzt, ich hätte nicht geahnt, dass er dazu fähig war und dass er für seine Tochter so viel empfand. Jana-Joy starb kurz danach. Und wenige Tage später wurde unser Sohn geboren, in demselben Hamburger Krankenhaus. Als Lennox ein paar Wochen alt war, kam mein Vater noch einmal zu uns nach Hause, um seinen Enkel zu sehen. Er nahm Lennox hoch und hielt den winzigen Körper in seinen Pranken. An dieses Bild muss ich oft denken. Es war sein letzter Besuch bei uns, meine letzte Begegnung mit ihm.

Ich hätte mir gewünscht, dass er miterlebt, wie Lennox größer wird. Ich hätte gern mit ihm über alte Zeiten gesprochen, ich hätte gerne erfahren, was damals in dieser verhängnisvollen Nacht geschehen war. Ich hätte, hätte, hätte … ja, ich hätte ihm verziehen, falsch, ich hatte ihm längst verziehen. Und ihm das persönlich zu sagen, wäre mir ein Herzenswunsch gewesen. Aber mein Vater lehnte jeden weiteren Kontakt ab. Und dann starb er, ohne dass ich mich mit ihm hatte aussöhnen können. Und heute frage ich mich: Habe ich genug dafür getan, um die Verbindung zu ihm wieder aufzubauen? War ich nicht mutig genug, zu vage? Ich kann es nicht sagen, aber es ist auch müßig. Alles, was ich in der Sekunde, in der ich von seinem Tod erfuhr, dachte, war: Jetzt ist es zu spät.

Es war in den ersten Monaten des Jahres 2021, ich ging über den Kiez, war auf dem Weg zum Elbschlosskeller, wo ich wie immer das ein oder andere zu organisieren hatte. „Wer wenn nicht wir" war etwas am Abschwächen, weil die Coronamaßnahmen langsam gelockert wurden, die Geschäfte durften wieder öffnen. Die erste große Welle der Hilfsaktion war bewältigt, und ich nahm mir wieder mehr Zeit für die Familie. Ich fühlte mich auch ein wenig von meiner Verantwortung und dem Druck befreit.

Wie ich schon berichtete, bin ich ein spiritueller Mensch. Um ausbalanciert zu sein, brauche ich meine Auszeiten, da reichen fünfzehn Minuten, in denen ich meditiere, und wenn mir das gelingt, bin ich gut drauf. Ich bin der Überzeugung, alles kommt zu dir zurück, das Gute wie das Schlechte. Und während ich so vor mich hin lief und an nichts dachte, sah ich von Weitem Elvis auf der anderen Straßenseite.

Elvis: Kiezoriginal mit Tolle und Schnauzer. Bei seinem Anblick hatte ich sofort das unwohle Gefühl, das ich immer hatte, wenn ich Elvis traf. Denn es gibt eine Situation, die lange zurückliegt, an die ich immer denken musste. Vor zehn Jahren hatte ich Elvis im Elbschlosskeller mit einer Ohrfeige so niedergestreckt, dass er sprichwörtlich vom Hocker flog und zwei Meter weiter liegen blieb. Das ist die Vorgeschichte: Susanna kam nach Feierabend in den Keller, ich hatte noch Schicht, stand angetrunken am Tresen und machte Kasse. Susanna und ich wollten so schnell wie möglich nach Hause. Damals hatte ich einen Bekannten aus der Türsteherszene, der mir einen zweifelhaften Ratschlag im Umgang mit Gästen gab, die Probleme machen: „Wenn dich einer herausfordert, wenn er zu dir sagt: ‚Knall mir eine', dann ist das eine Aufforderung, das musst du machen, sonst bist du der Loser." Ich war damals in so einer Phase, in der ich mich am Austesten war. Ich genoss es, meine Stärke zu demonstrieren. Und jetzt saß Elvis vor mir und wollte sein Bier nicht bezahlen. Ich hatte ihn schon mehrmals aufgefordert, mir endlich das Geld zu geben. Die Kasse war mittlerweile gezählt, meine zwölf Stunden waren rum, ich wollte weg, und das ging nicht, weil der Typ seine paar Euro nicht rausrückte. Stattdessen sagte er immer wieder: „Dann hau mir doch eine rein." Und klatsch, war es passiert. Ich hatte die Worte des Türstehers im Ohr und war mir sicher, der lechzt geradezu danach, der will eine verpasst bekommen. So hatte ich es in meinem Zustand jedenfalls interpretiert. Und es ging mir auch ums Prinzip, ich hatte ihn ermahnt, er ignorierte mich nicht nur, er provozierte mich. Mein Schlag hatte Elvis so heftig erwischt, dass sein Puls kaum mehr tastbar war, sagte zumindest unser damaliger Türsteher, der Elvis den Puls fühlte, nachdem er ihn an die frische Luft gebracht hatte. Währenddessen machte ich mich davon, über unseren kleinen „Fluchtweg", also hinten raus durchs Fenster im Billardraum des Elbschlosskellers. Elvis kam zum Glück schnell wieder zu sich. Als die Polizei auftauchte, sagte er auf die Frage, wer ihn geschlagen habe: „Keiner. Ich bin nur vom Hocker gefallen." Er hat mich nicht verraten, was ich ihm hoch anrechnete, und ich war heilfroh, dass ihm nichts passiert war. Die ganze Sache war aus dem Ruder gelaufen und tat mir unheimlich leid, mein Verhalten war völlig daneben.

All die Jahre danach schämte ich mich, wenn ich Elvis begegnete, und ging mit gesenktem Haupt an ihm vorbei. Er muss das gespürt haben, da bin ich mir sicher. Aber es ergab sich nie wieder ein Gespräch über diese Ohrfeige.

Jetzt waren zehn Jahre vergangen. Elvis kam auf der anderen Straßenseite immer näher, ich legte einen Schritt zu, überlegte, in eine andere Richtung abzubiegen, um einer direkten Begegnung auszuweichen. Plötzlich hörte ich ihn meinen Namen rufen. „Daniel! Komm mal her." Wie, ich?, dachte ich. Es war ein kleiner Schockmoment, weil ich null damit gerechnet hätte, dass er mich anspricht. Jetzt gab es kein Zurück mehr und ich ging rüber.

„Du, das Ding damals", fing er ohne Vorrede an, und mir war klar, was er meinte, „das ist vergessen." Wow, dachte ich, ohne groß herumzulabern, haut er gleich so einen Satz raus. Ich war sprachlos und spürte, wie sich etwas in mir löste, eine alte Last, mein schlechtes Gewissen, von der einen auf die andere Sekunde fühlte ich mich um einige Kilos leichter. Und dann sagte Elvis noch so einen Hammersatz: „Wie geht's denn deinem Vater?" Elvis kannte meinen Vater gut, er war ein alter Keller-Stammgast aus „Wodka-Lothars" Zeiten. Ich wollte anfangen zu erzählen, so wie ich es immer tat, wenn die Rede auf meinen Vater kam, und war dabei, weit auszuholen, um die Dinge zu erklären: Warum es so war, wie es war, warum ich keinen Kontakt zu meinem Vater hatte, obwohl es eigentlich komplett allem widersprach, was ich für richtig halte. Ich bin ein Mensch, der verzeiht, ich bin niemandem böse, habe keine Lust auf Wut, Hass, Angst,

Aggression, Zorn, weil mich das blockiert, anstatt mich nach vorne zu bringen. Liebe, Schöpfung, Energie, Wachstum – das will ich. Ich will keine verbrannte Erde hinterlassen. Ich hatte meinen Vater mehrmals zu kontaktieren versucht, per SMS, per Brief, per Telefonat, und alles war in weiterer Ablehnung gemündet. Das hat mich gleichzeitig frustriert und traurig gemacht. Mein bester Freund und auch mein Onkel hatten mir immer Vorträge gehalten, ich solle die Initiative ergreifen. Aber weil ich nur auf harte, verletzende Ablehnung gestoßen bin, nahm ich mir Susannas Rat zu Herzen, die sagte: „Dann musst du es auch mal gut sein lassen."

Ich habe zwei Halbschwestern, die aus früheren Ehen meines Vaters stammen. Eine von ihnen ist Marion, mit ihr sprach ich über unsere schwierige familiäre Situation. Und sie sagte, mein Vater sei einfach zu stolz, um auf mich zuzugehen.

Das alles und noch viel mehr wollte ich Elvis in diesem Moment erzählen, aber der roch Lunte, und kaum hatte ich die ersten Worte losgesabbelt – „Ja, lange nicht gesehen …" –, da fiel er mir ins Wort: „Weißt du was, Daniel? Das interessiert mich alles nicht, du kannst aufhören zu reden. Ich sag dir jetzt was: Du gehst zu deinem Vater und du stellst dich vor ihn und der Rest wird sich von ganz allein ergeben." Ich gebe zu, ich war den Tränen nahe. Elvis sprach weiter: „Ich weiß, dein Vater wird emotional ausbrechen. Er wird gar nicht anders können, als dich in den Arm zu nehmen." Ich war völlig durcheinander. „Wie kann es sein, dass du mir das hier so erzählst?", stammelte ich. „Erst kommt von dir die Versöhnung nach so langer Zeit, und alles, was du jetzt sagst, kommt dem gleich, wie ich das Leben wahrnehme, an was ich glaube, was meine Philosophie ist. Was du gibst, das kriegst du wieder. Ich habe versucht, in den letzten Wochen etwas Gutes zu tun, und jetzt bekomme ich Gutes zurück. Ich bin dir so dankbar."

Nach dieser seltsamen Begegnung auf der Straße hatte ich den festen Vorsatz: Ich werde es tun, ich gehe zu meinem Vater, egal wie die Sache ausgeht. Wenn das Leben dir so ein Zeichen gibt, musst du es machen. Ich bin mir heute sicher, es wäre genauso abgelaufen, wie Elvis es mir prophezeit hatte. Weil ich denke, es war genug Zeit verstrichen und mein Vater hatte die gleiche Sehnsucht nach mir wie ich nach ihm. Das zumindest möchte ich glauben. Aber dann, wie so oft im Leben, verschob ich mein Vorhaben immer wieder und gab anderen Dingen mehr Priorität. Ich dachte, es wird schon bald passen, ich muss auf die richtige Gelegenheit warten. Sollte mein Vater wegen des Prostatakrebses im Krankenhaus liegen, natürlich würde ich ihn sowieso besuchen. Ich war mit jeder Faser meines Körpers davon überzeugt: Vor seinem Ableben werden wir uns wiedersehen. Ich werde ihm noch einmal in die Augen schauen können oder seine Hand halten, ich war mir sicher, dass ich ihn noch mal spüren darf und dass er mich spüren darf, dass er meine Liebe fühlt, dass ich seine Liebe fühle. Aber ich unternahm nichts.

Kurz darauf ist mein Vater gestorben. Er wurde 78 Jahre alt. Ich hörte später, dass es ihm wohl schon eine Weile nicht gut gegangen sei. Er hatte bereits ein Krebsleiden überstanden und fühlte sich sehr schwach. Deswegen hätte er ins Krankenhaus gehen sollen, wo er ein paar Tage unter Beobachtung bleiben und sich durchchecken lassen sollte. Er schob das Vorhaben aber vor sich her, weil er wegen der Coronamaßnahmen nicht ins Krankenhaus gehen wollte. Denn es hätte ihn niemand besuchen dürfen. Eines Tages kippte er im Badezimmer einfach um, er bekam keine Luft mehr und starb. Ein Notarzt versuchte noch, ihn zu reanimieren, aber da war es schon zu spät.

Meine älteste Schwester Marion rief mich an, und so erfuhr ich das alles überhaupt erst. Kurz vor der Beerdigung. Marion, ihre Kinder und ich gingen geschlossen zu der Beisetzung. Wir standen aber abseits, als kleiner geschlossener Kreis, nur ein früherer Bekannter sprach überhaupt mit uns. Seitdem bin ich zweimal am Grab meines Vaters gewesen. Irgendwann möchte ich meinen Sohn mitnehmen.

Die Wochen nach dem Tod meines Vaters waren hart für mich. Alles kam wieder hoch, die vielen Toten der letzten Zeit, der Suizid meiner Schwester, das Zerwürfnis mit meinem Vater. Ich dachte, das alles hätte ich mehr oder weniger verarbeitet, so war es aber nicht. Über Monate war ich in einem vernebelten, alkoholisierten Dauerzustand, ich kippte mir eine Jacky-Cola-Dose nach der anderen rein. Wenn ich zu Hause war, lief ich nächtelang alleine durch unseren Garten, habe draußen weitergetrunken, damit mein Sohn das nicht mitbekam, starrte die Bäume an, genoss die Stille, versuchte nachzudenken, was kaum möglich war, weil ich zu betrunken war. Tagsüber funktionierte ich irgendwie, und aus dem Grund redete ich mir meinen Konsum schön. Tatsächlich hatte ich keine Ahnung, wie es weitergehen sollte.

Und dann gab es diese Situation: Ich drehte mit einem TV-Team im Hinterzimmer des Elbschlosskellers, wo an den Wänden Dutzende Fotos unserer Stammgäste hängen. Die

Bilder derer, die gestorben sind, haben eine schwarze Schärpe. Ich sollte vor laufender Kamera die Bilder kommentieren. Dabei realisierte ich, wie viele schwarze Schleifen in der letzten Zeit dazugekommen waren. In dem Moment kam alles hoch. Ich dachte, das halte ich nicht aus, ich brauch was zu trinken. Und rannte nach vorne zum Tresen und kippte mir eine vierfache Jack-Daniel's-Cola rein, um immer weiter zu verdrängen. Ich wollte alles vergessen.

Am Abend fuhr ich zu meiner Mutter. Kam betrunken bei ihr an. Ich hatte vor, ein paar Tage bei ihr zu übernachten, ein Versuch, um zur Ruhe zu kommen. Ich war auf einem so guten Weg gewesen und wollte nicht wieder da enden, wo ich vor Amerika gewesen war. Ich hatte keine Lust, schon wieder in die alten Muster zurückzufallen. Und daher traf ich an diesem Abend eine Entscheidung: Hier und jetzt höre ich auf mit dem Trinken. Egal wie scheiße es dir damit geht, du stellst dich der Situation, keine Ausflüchte mehr. Ich entschied mich dafür, 0,0 zu fahren, was auch wieder radikal war. Ab jetzt gar kein Alkohol mehr. Keine Ausnahmen. Das schwor ich mir. Und dann schloss ich mich zwei komplette Tage und Nächte ein. Das war an einem Mittwoch. Ich machte einen schleichenden Entzug: Nachdem ich es geschafft hatte, dreißig Tage lang auf Alkohol zu verzichten, hörte ich auf, Marihuana zu rauchen, und wieder dreißig Tage später verzichtete ich auch auf Zigaretten. Seit diesem Mittwoch zähle ich die Tage. Und erst wenn ich 365 Tage geschafft habe, werde ich den ersten Schluck Alkohol trinken und eine Zigarette rauchen. Und zwar bei einem Whisky-Tasting in Schottland. Das ist mein Plan und Ziel. Dabei weiß ich: Ich bin und bleibe ein Kneipenkind und ein

Sucht- und Genussmensch, ich will es nur nie wieder erleben, dass mich der Scheiß beherrscht. Aber nach einem Jahr Abstand und Arbeit an mir, denke ich, werde ich in der Lage sein, mit Genuss zu trinken.

Was mir in der ersten Phase der Abstinenz und auch später sehr half, das war eine Trauertherapie, mit der ich eine Woche nach meinem Entschluss begann. Seitdem bin ich einmal in der Woche bei meinem Therapeuten, mal für eine Stunde, mal länger oder kürzer, je nach Redebedarf. Er machte mir klar, dass ich trauern darf und dass das wichtig ist, und ich lernte, Abschied zu nehmen. Ein paarmal kam es vor, dass ich auf dem Weg zu meinem Boxtraining war – in Glinde am Rand von Hamburg, dahin fährt man 20, 25 Minuten über die Autobahn –, und auf der Fahrt, ganz für mich allein, habe ich so bewusst getrauert, dass mir die Tränen übers Gesicht liefen. Das war kein Weinen, das dich kaputtmacht, sondern ein erlösendes. Danach fühlte ich mich frei und gut.

Dennoch, diese offene Wunde, meinen Vater nie wiedergesehen zu haben, dass wir uns nicht aussprechen konnten, die bleibt. Die wird auch nicht mehr weggehen. Auch wenn es besser geworden ist. In meiner Vorstellung des Lebens schaut er auf mich von oben herab und ist stolz auf mich, weil er weiß, was in mir und meinem Herzen vorgeht.

Weshalb ich euch das alles so ausführlich erzähle: Ich würde mir wünschen, dass meine Geschichte euch anregt, nicht die gleichen Fehler zu machen wie ich. Nach meinem ersten Buch gab es Reaktionen, die ich mir in dieser Form auch dieses Mal wieder erhoffe. Ich denke da zum Beispiel an einen Vater und seinen Sohn, die im Elbschlosskeller ein

Bier miteinander tranken und auf mich zukamen: „Durch das, was du erzählt hast, haben wir den Schritt gewagt und uns hier hingesetzt. Wir haben nach langer Zeit, die wir verstritten waren, zusammengefunden."

19 | Das geheime Treppencafé von Kiez-Ikone Michel Ruge

Jetzt geht es um ein Lokal, das es eigentlich gar nicht gibt, es sei denn, der Besitzer lädt euch höchstpersönlich ein: das Treppencafé von Michel Ruge, den man mit einem Wort kaum beschreiben kann. Er ist Schriftsteller, Schauspieler, Lebenskünstler, einer, der andere inspiriert. Er war Türsteher und Kampfsportler, und vor allem war und ist er ein Kind von St. Pauli. Michel, der Sohn eines Luden, wuchs in unserem Viertel auf und ist durch seine Connections und familiären Bindungen hier tiefer verwurzelt als wir anderen alle zusammen.

Im Nachhinein ist es mir ein Rätsel, warum ich diesen tollen Menschen erst so spät kennengelernt habe, nämlich im Zuge von „Wer wenn nicht wir“, obwohl wir beide unser Leben lang zeitgleich auf St. Pauli herumturnten. Wir hatten voneinander gehört, das schon, aber zugegebenermaßen hatte ich nicht das allerbeste Bild von ihm. Ich sage ausdrücklich, bevor(!) ich ihn kannte. Früher dachte ich – und wenn er das hier liest, wird er lachen, denn wahrscheinlich beruht es auf Gegenseitigkeit – ich dachte, der Ruge ist bestimmt ein Arschloch. Man kennt das ja: Charaktere, die sich ähneln, so wie bei uns, tun sich schwer mit dem Mögen.

Aufmerksam wurde ich auf Michel durch die Gangs United, ein Projekt, das er vor einigen Jahren ins Leben gerufen hat. Er, der in seiner Jugend selbst Mitglied einer Gang war, hatte es sich auf die Fahnen geschrieben, die verfeindeten Gangs von damals zusammenzubringen. Und was sich nach einem aussichtslosen Unterfangen anhörte, ist ihm tatsächlich gelungen.

Dass es das Treppencafé gibt, habe ich irgendwann aufgeschnappt und erfahren, dass Michel dort Menschen aus dem Viertel und dem Milieu zusammenbringt, um mit ihnen Klönschnack zu halten, Espresso zu trinken, ihre Geschichten zu hören und seine zu erzählen. Michel, seine Frau Annika und ihre kleine Tochter Jaguar wohnen in der Erichstraße auf St. Pauli, und das Treppencafé sind die Stufen, über die man zu ihrer Haustür geht. Ich saß da mittlerweile auch schon einige Male.

Der Anlass, der Michel und mich zusammenbrachte, war ein schöner Text, den Michel auf Facebook über mich anlässlich von „Wer wenn nicht wir" verfasst hatte. Und, wie gesagt, schon bei unserem ersten Gespräch stellten wir fest, dass wir mehr gemein haben, als wir bislang dachten. Ein bisschen, muss ich zugeben, schaue ich zu ihm auf. Ich habe ihn mal gefragt, ob er mich trainiert. Er ist Meister im Kampfsport Eskrima. Dazu kam es bislang aber nicht.

Was er im Viertel und darüber hinaus für ein Standing hat, ist beeindruckend. Er ist solide, steht mit beiden Beinen im Leben und ist jemand, der Körper, Geist und Seele in Balance hält. Er hat sein Leben auf die Reihe gebracht. Ich weiß, wovon ich rede, weil es bei mir selbst oft genug anders war. Wenn man etwas über St. Pauli wissen möchte, über seine Vergangenheit und Gegenwart, dann fragt man am besten Michel Ruge. Er kennt hier alles und jeden und ist selbst einer, der das Viertel ausmacht.

Michel Ruge, 52 Jahre alt

Schriftsteller, Weltenwandler und Anstifter

„St. Pauli war mal ein Gaunermilieu.“

Ich wuchs hier in den Siebziger-, Achtzigerjahren auf – das war die letzte Zeit, in der es noch hoch herging. Meine Mutter war Barkellnerin, mein Vater ein Zuhälter, der sich aber schnell verdrückte. Meine Tante betrieb von den Sechziger-, Siebzigerjahren bis in die Achtzigerjahre das Betten Voss, eine Kneipe mit angeschlossenem Stundenhotel. Sie nahm manchmal bis zu 150 000 Mark im Monat ein. Hätte sie ihr Geld gespart, wäre sie eine steinreiche Frau. Ihre Bar war, wie auch der Elbschlosskeller, nie abgeschlossen. Das Betten Voss war einer dieser Läden mit einer großen sozialen Komponente aufgrund der Menschen, die dort täglich ein und aus gingen.

Als Jugendlicher verkehrte ich fast täglich in den legendären Bars und Clubs des Viertels, wie der Sheila Bar, dem Club 88, dem Top Ten. Die Freunde, mit denen ich groß geworden bin, gingen fast alle ins Milieu. Sobald sie 2000 oder 3000 Mark verdient hatten, das war keine Seltenheit, gaben sie es am gleichen Abend auch wieder aus. Das Geld blieb auf dem Kiez. Das war eine Win-win-Situation.

Damals herrschte noch die alte Garde der Luden, sie standen auch für eine gewisse „Kultur“ auf St. Pauli. Man kann sich das alles heutzutage gar nicht mehr vorstellen. Ein Beispiel: das Cuneo in der Davidstraße, das erste italienische Restaurant Hamburgs. Wer frisch aus dem Knast kam, bekam dort seine erste Mahlzeit umsonst, und man schenkte ihm noch ein paar Mark Startkapital. Paulchen Müller, Bernie Fick, Wilfried Schutz, Sascha vom Amber, Hanne Kleine vom Charly's Nightclub, später Chef der Ritze – so hießen die Gauner von damals. Wenn man bei Paulchen Müller Schulden hatte, ließ er einen antanzen: „Du kommst zu mir!“ Und dann sagte er zu dem Delinquenten: „Pass auf! Du kriegst jetzt eine gelangt. Und wenn du dich wegduckst oder wehrst – dann lege ich richtig los.“ Nach so einer Ansage traute sich keiner mehr, sich zur Wehr zu setzen. Bevor er losschlug, zog Paulchen sich langsam Lederhandschuhe über, das tat er immer. Seine Backpfeifen hatten es in sich, der stärkste Mann fiel besinnungslos um.

Von diesen Geschichten aus dem Milieu gibt es unendlich viele, es existieren aber genauso viele Mythen und Legenden, die erfunden sind. Wir leben an einem Hafen, da wird viel Seemannsgarn gesponnen.

Früher waren es an die 700 Jungs aus dem Milieu, die den Kiez beherrschten. Eine Berliner Rotlichtgröße, Bernd Termer, sagte mal zu mir: „Michel, weißt du was? Und ich vermisse sie alle: Freunde wie Feinde.“ Als sich die alte Garde nach und nach aus dem Milieu zurückzog, wurde das Ende des Rotlicht- und Gaunermilieus eingeläutet. Sie überließen das Feld anderen, und die waren nie daran interessiert, irgendwas kulturell zu beackern. Heute kommen die Zuhälter aus Pinneberg mit ihrem Smart angeschifft, um ihre Frau abends abzuliefern und am nächsten Morgen wieder abzuholen. Auch die Medien versuchen St. Pauli einen Stempel aufzudrücken, nämlich in die Richtung: Bloß kein Rotlicht mehr. Alles soll clean und correct sein.

Ich habe keine Aktien im Rotlicht – aber ich finde, es gehört hierher.

Was Toleranz angeht, waren wir auf St. Pauli der bürgerlichen Welt immer voraus. Wenn ich sonntags mit meiner Oma zum Café Möller ging, dann saßen wir dort zusammen mit den Transvestiten und aßen Kuchen. Das war völlig normal. In der bürgerlichen Welt außerhalb von St. Pauli gibt es diese Normalität bis heute nicht. Im Grunde lebe ich selbst ja auch bürgerlich, trotzdem verspüre ich eine große Verachtung für die Spießbürger in unserer Gesellschaft. Und das liebe ich so an St. Pauli, dass es Menschen gibt, die völlig aus dem Rahmen fallen. Wir waren immer ein buntes Viertel, in dem Arme und Reiche, hochrangige Politiker und schillernd-schräge Typen aus der Künstlerszene und dem Showbusiness nebeneinanderlebten. Und alle fühlten sich wohl, fühlten sich verstanden, konnten sagen, was sie denken. St. Pauli war immer ein Ort der Gegensätze. Ob im Elbschlosskeller, Betten Voss oder Goldenen Handschuh, hier trafen sich alle Schichten, nicht nur diejenigen, die sich bloß ein Bier für fünfzig Pfennig leisten konnten. Es gab auch die Ludentreffen im Smoking, die zum Beispiel Hanne Kleine von der Ritze veranstaltete, wo der Champagner in Strömen floss. Auf St. Pauli konntest du alles bekommen: von richtig scheißebillig bis richtig scheißeteuer. Es kam nicht von ungefähr, dass eine der ersten Filialen des Juweliers Wempe in Deutschland ausgerechnet auf der Reeperbahn eröffnete. In der Vitrine sah man fast nur diamantenbesetzte Golduhren. Heute ist an der Stelle des Juweliers ein Imbiss. Fast schon ein bisschen traurig.

Lange war ich fort von St. Pauli, siebzehn Jahre in Berlin, dann in München, Los Angeles. Da wohnten meine damalige Freundin und ich in dem ehemaligen Apartment von Charles Manson – war schon ein bisschen unheimlich. In die USA wollten wir sogar auswandern. Ich hatte vor, dort einen Kampfsportclub zu betreiben. Dann kam alles anders, ich erfuhr, dass meine Freundin schon seit einiger Zeit ein Doppelleben führte, in dem sie mit einem hohen Tier aus der organisierten Kriminalität eine Beziehung neben unserer führte. Ich will hier gar nicht ins Detail gehen. Nur so viel: Das Ganze endete unschön, unsere Beziehung brach auseinander. Als Nächstes kam ich nach Südafrika, später Paris, München, erneut nach Berlin, bis ich vor ein paar Jahren wieder in Hamburg landete.

Die viel beschworene Solidarität, der unerschütterliche Zusammenhalt auf dem Kiez, von dem die Leute hier viel reden, ja, den gibt es, und dennoch wünschte ich mir manchmal mehr davon. In unserem Dorf – diesem St. Pauli – geht es auch nicht besser zu als anderswo, und die Menschen lieben es hier genauso, übereinander herzuziehen wie überall sonst.

Während der Pandemie war ich enttäuscht, dass sich nur wenige der Gastronomen – von Ausnahmen abgesehen – für den Kiez engagierten. Dabei wäre es ein Leichtes gewesen, den Menschen das Leben ein bisschen zu erleichtern. Auf St. Pauli wohnen schließlich ganz „normale" Menschen, die mit dem Milieu nichts zu tun haben. Den älteren Leuten hätte man anbieten können: Wir machen Kuchen und Kaffee für euch. Es kostet nichts. Kommt vorbei, damit wir Danke sagen können, weil wir so viel Raubbau am Viertel betrieben haben. Das nämlich ist ein Problem: dass St. Pauli über die letzten zwei Jahrzehnte immer mehr kommerzialisiert wurde. Ballermannmentalität und Wodkabomben statt Rotlicht und Milieu. Womit ich nicht sagen will, dass früher alles besser war, aber manches schon.

Ich sehe mich als Weltenwandler und Anstifter. Projekte anzuschieben und Menschen anzuzünden mit positiver Energie – das ist meine Mission. Zurück in Hamburg hatte ich eine Idee: Ich wollte die verfeindeten Straßengangs der Achtzigerjahre – die Streetboys, Destroyers, Champs, Sparks und wie sie alle hießen –, mit deren Mitgliedern ich teilweise groß geworden bin, wieder zusammenbringen und vielleicht versöhnen. Ich selbst war mit zwölf Jahren Mitglied bei der Bombergang Breaker. Anfangs stieß ich mit meiner Idee – das Projekt Gangs United – überall nur auf Bedenken. „Das kannst du nicht machen", sagten die einen. „Ein Treffen? Spinnst du? Da knallt es aber richtig", unkten die anderen.

Ich ließ mich da aber nicht beirren, und so kam es zu dem ersten Treffen. Der Treffpunkt sollte eine Straßenecke an der Reeperbahn sein. Ich stand da und wartete. Es herrschte eine beinahe gespenstische Stille. Dann kamen die Streetboys von der einen und die Löwen von der anderen Seite und marschierten langsam aufeinander zu. Keiner sagte etwas. Und als sich beide Gruppen gegenüberstanden, rief ich eine Schweigeminute aus. Alle machten mit. Und nach der Schweigeminute – und mir kommen fast die Tränen, wenn ich daran denke – fielen sich die Feinde von damals um den Hals. Nach dreißig Jahren. Früher hätten sie sich umgelegt, wenn sie sich trafen, und jetzt entstanden hier Freundschaften.

Das war einer der schönsten Tage meines Lebens.

Kurz nachdem Annika und ich in unser Haus mit der kleinen Treppe eingezogen waren, kam ein Nachbar vorbei. Wir hockten uns auf die Stufen, kamen ins Gespräch, machten ein Foto, und ich dachte: Es gibt so viele Typen hier, Männer wie Frauen, die eine Geschichte über den Kiez zu erzählen haben, die würde ich gerne hören. Das sprach sich herum. Ich lud unterschiedliche Menschen ein, auch die, die früher im Milieu groß waren und immer ein bisschen Staub aufwirbelten. The White Danny, ein Entertainer und Flaneur, der Wiener Blacky, ein früherer Bordellbetreiber, Olivia Jones und sogar Herbert Grönemeyer, der hat zwar nichts mit dem Kiez zu tun, aber ich lud ihn trotzdem ein, und er kam. Sie alle saßen auf unserer Treppe, und so entstand das Treppencafé. Dahinter stand nie ein Plan, kein Vorhaben, ich hatte einfach Lust, es zu tun.

Und jetzt stifte ich wieder etwas an: Wir sind nämlich erst mal weg. Annika, Jaguar und ich. Wir fahren ein Jahr lang durch Afrika, starten an der Großen Freiheit und wollen bis nach Kapstadt kommen, ein Roadtrip als Familie. Ein neues Abenteuer.

20 | Ukraine, Teil II

Seitdem ich die Tage meiner Abstinenz zählte, befand ich mich in einer Phase der Kontinuität und Verlässlichkeit, wie ich sie bis dahin nicht kannte. Ich ging alles etwas ruhiger an, zumindest gab ich mir Mühe. Auch mein vernachlässigtes Familienleben stabilisierte sich langsam. Nur beruflich ging die Achterbahnfahrt weiter, der Überlebenskampf auf dem Kiez dauerte an. Wir nutzten die Wochen, in denen wir unsere Läden schließen mussten – oder in denen es sich gar nicht erst lohnte zu öffnen, weil die Menschen Angst hatten, in eine Kneipe zu gehen –, für längst überfällige Renovierungsarbeiten. So gesehen hatte diese Zeit auch etwas Positives. Als wir endlich wieder regulär hätten öffnen dürfen, kam es zu Verzögerungen, denn wir hatten extremes Pech mit den Handwerkern. Einige Stammgäste standen jeden Tag vor dem Elbschlosskeller und fragten, wann es denn endlich so weit sei, wann sie bitte wieder zu uns kommen dürften. Trotz der Renovierungen blieb der Keller der Keller, sein altes Flair war ratzfatz zurück. Es riecht wie immer, es ist schmutzig wie eh und je, auch wenn wir wirklich jeden Tag putzen.

Es schien so, als würde sich das Leben bei allem herrschenden Chaos ein wenig normalisieren. Und dann, als wäre mit Corona nicht schon genug los in der Welt, zettelte dieser Verrückte im Kreml einen Krieg an. Unterdessen unternahm ich eine kleine Lesereise durchs Bundesgebiet, bei der ich Geldspenden für „Wer wenn nicht wir" sammelte und mir Städte in Deutschland anschaute, die ich immer schon hatte besuchen wollen. An einem Morgen nach meiner Lesung in Ulm – ich war spätnachts nach ewig langer Zugfahrt nach Hause gekommen, lag noch müde und mit dem ganzen Lesekram im Kopf im Bett – klingelte mein Handy. Charlie Walter, ein befreundeter Journalist von *BILD*, war am Apparat. „Ich will los", sagte er und erzählte, er würde in den nächsten Tagen mit einem Hilfstransport an die polnisch-ukrainische Grenze fahren. Ich musste gar nicht lange überlegen und sagte spontan: „Ich komm mit!" Nachdem ich aufgelegt hatte, wurde mir bewusst, dass ich etwas überstürzt zugesagt hatte. Wir standen kurz vor Öffnung einer unserer Kneipen an diesem Wochenende und da gab es noch eine Menge zu regeln und zu organisieren. Ich rief Charlie an und sagte ihm, ich würde einen eigenen Transport mit meinen Leuten von „Wer wenn nicht wir" organisieren und würde erst am übernächsten Wochenende nach Polen fahren. Ich bat ihn, uns regelmäßig an seinen Erfahrungen auf der Reise teilhaben zu lassen, die uns wiederum helfen würden. Was er dann auch tat. Danach fing ich sofort an herumzutelefonieren, um aus unserer alten Gruppe ein neues Team zusammenzustellen.

In wenigen Wochen plante ich in Hamburg einen Boxkampf gegen Oleg, einen jungen Ukrainer, mit dem ich seit einiger Zeit eine kleine Kiezfehde am Laufen hatte. Wir hatten vor einiger Zeit beschlossen, unseren Streit in einem fairen Boxkampf öffentlich auszutragen, der sogar per Livestream übertragen werden sollte. Seit Wochen schon war ich wie wild am Trainieren, um mich in Topform zu bringen. Als jetzt feststand, dass wir einen Hilfstransport machen werden, rief ich Oleg an und schlug ihm vor mitzukommen. Und ich sagte zu ihm: „Weißt du was, wir setzen ein Zeichen. Bevor wir in den Boxring steigen, versöhnen wir uns und werden als Erstes deinen Landsleuten helfen." Oleg gefiel die Idee, er konnte dann aber leider nicht mitfahren. Stattdessen waren aus meinem Boxverein einige Mitglieder dabei, einer stammte aus Russland, ein anderer aus der Ukraine, beide kannten und mochten sich seit ihrer gemeinsamen Zeit bei der Bundeswehr.

Für unsere Tour starteten wir einen Spendenaufruf, um Lebensmittel, Hygieneartikel und was sonst alles gebraucht wurde, zu sammeln. Wer uns unterstützen wollte, sollte seine Spenden in der Meuterei abliefern. Es kam da einiges zusammen, allerdings fehlten uns dringend benötigte Decken und Isomatten. Mit Lydia, sie war auch wieder mit an Bord, fuhr ich zum Hamburger Hafen, wo uns eine befreundete Hilfsorganisation, Der Hafen hilft! e. V., mit Decken versorgte, die wir mitnehmen konnten. Vier Kleinbusse standen für die Reise bereit, zu acht wollten wir los, also zwei Fahrer pro Wagen, die sich unterwegs abwechseln würden. Die Busse beluden wir bis unters Dach, es sollten so viele Sachen mit wie nur möglich. Wir hatten vor, auf dem Rückweg Flüchtlinge mitzunehmen, die von Polen nach Deutschland weiterwollten. Unser Plan dafür sah so aus, dass wir in Berlin einen Stopp machen, dann sollte es weiter nach Hamburg gehen.

Mit Charlie stand ich die ganze Zeit über in Kontakt, er konnte uns wichtige Tipps für unsere Vorbereitungen geben. Zum Beispiel empfahl er dringend, dass wir uns noch von Deutschland aus um Hotelzimmer in Polen kümmern, weil die Zustände vor Ort unübersichtlich und alle Unterkünfte vielleicht schon ausgebucht seien. Außerdem sagte er: „Nehmt einen Dolmetscher, den werdet ihr brauchen. Und macht euch vor allem auf eines gefasst: Es wird heftig werden. Was ihr erleben werdet, kann man nur schwer in Worte fassen."

Dann ging es los.

Am frühen Freitagmorgen starteten wir im Konvoi auf St. Pauli und fuhren den ganzen Tag durch. Fast tausend Kilometer bis nach Krakau, unserer ersten Station, wo wir in der Nacht zum Sonntag ankamen. Einen Tag vor unserer Abfahrt hatte man uns davon abgeraten, weiter in Richtung ukrainischer Grenze zu fahren, weil zum einen dort gar kein Durchkommen war, und zum anderen sollten die privaten Helfer nicht zusätzlich die Straßen nahe der Grenze verstopfen. Die Welle der Flüchtlinge aus der Ukraine hatte sich ohnehin schon über das ganze Land verteilt. Unterstützung wurde überall gebraucht. Als wir uns die Lage vor Ort in Krakau anschauten, war ich beeindruckt davon, wie unglaublich gut die Polen organisiert und auch wie hilfsbereit sie waren. Sie kümmerten sich mit großem Engagement um die vielen Tausend Frauen, Männer und Kinder, die in ihr Land strömten. Und es wurden ja immer mehr. Ich sah zum Beispiel eine riesige Halle, in der die Erstversorgung der Flüchtenden stattfand, Massen an Feldbetten waren hier aufgebaut.

Wir hatten eigentlich vorgehabt, unsere Hilfsgüter noch am gleichen Abend zur weiteren Verteilung abzugeben, aber die Annahmestellen hatten bereits alle zu, als wir ankamen.

Wir fuhren ins Hotel. Schlaf war nach unserer Monstertour dringend nötig. Am nächsten Morgen machten wir uns auf den Weg zum Hauptbahnhof. Dort fand man alle großen Hilfsorganisationen, sie kümmerten sich um die Menschen, die aus den Zügen stiegen und versorgt, registriert, verteilt werden mussten. Hunderte Ukrainer befanden sich schon am frühen Morgen in der Bahnhofshalle, viele lagen erschöpft auf dem Boden, schliefen trotz Lärm und Helligkeit. Nachdem wir uns zu den richtigen Leuten durchgefragt hatten, konnten wir endlich unsere Hilfsgüter abliefern. Was gar nicht so einfach war, zweimal schickte man uns weg, da diese Annahmestellen keine Kapazitäten hatten. Ich musste daran denken, dass es im Elbschlosskeller zwei Jahre zuvor ähnlich ausgesehen hatte wie jetzt hier in den Verteilstationen, Lager voller Lebensmittel, Kleidung, Medikamente, Zahnpasta, Windeln und vielem mehr. Was wir damals im ganz Kleinen organisiert hatten, fand hier in einer gewaltigen Dimension statt, und wieder stand ich fasziniert davor, wie reibungslos alles funktionierte. Wir wollten so schnell wie möglich wieder aufbrechen und zurück nach Deutschland fahren, sobald wir Flüchtlinge gefunden hatten, die nach Hamburg oder Berlin wollten. Was gar nicht so einfach war, da an diesem Tag bereits mehrere Reisebusse mit Flüchtlingen nach Hamburg losgefahren waren.

Auf dem Parkplatz, wo wir mit unseren Bussen warteten, stand zufällig neben uns der Wagen von den Mitarbeitern einer anderen Hilfsaktion aus St. Pauli. Sie brachten uns zu einer ukrainischen Familie, die nach Norddeutschland wollte, weil sie dort Verwandte hatte: zwei alte Leute, die Großeltern – er war taub, sie blind –, deren Tochter und zwei kleine Enkelkinder, drei Jahre und einen Monat alt. Wir versuchten, mit der Familie zu kommunizieren, keiner von ihnen sprach Deutsch oder Englisch, um klarzumachen, dass wir sie mitnehmen wollten. Eine unserer Mitarbeiterinnen, Sandra, kümmerte sich auf emotionaler Ebene um diese Leute und war schnell deren Vertrauensperson. Und dann passierte eine Szene, die ich nicht vergessen kann: Das dreijährige Mädchen war müde und quengelig, es vermisste seinen Vater, der im Krieg bleiben und kämpfen musste. Auch die Mutter war fertig, alle Erwachsenen waren am Ende ihrer Kräfte und in dem Moment mit sich selbst beschäftigt. Die Tochter lief zwischen unseren Bussen herum. Ich bat Sandra, sie solle die Kleine schon mal in den Bus setzen. Irgendwie musste sich das Mädchen an der Tür den Arm gestoßen haben, zwar nur leicht, aber das war in dem Moment zu viel für sie. Sie weinte schlimm, ließ sich gar nicht mehr beruhigen. Sandra öffnete die hintere Wagentür, griff in einen Karton mit Spielzeug und holte so einen Spender heraus, mit dem man Seifenblasen macht. Sie pustete große, wunderschöne Seifenblasen in die kalte Luft. Als das Mädchen das sah, verstummte es. Die Kleine schaute begeistert und lächelte. Dieses Lächeln war das Allerschönste für mich.

Zwei aus unserem Team luden die Familie in ihren Bus ein und machten sich auf den Weg nach Hamburg. Wir anderen wollten weiter nach Breslau, vier Stunden Fahrt in Richtung Westen, weil wir den Tipp bekommen hatten, dass dort viele Flüchtlinge gestrandet waren, die eine Möglichkeit suchten, nach Deutschland weiterzukommen.

In Breslau fuhren wir direkt zum Bahnhof. Überall standen Helfer mit Warnwesten, teilweise deutschsprachig, und sorgten für einen reibungslosen Ablauf, wenn neue Flüchtlinge ankamen. In einer Stunde, so hieß es, erwarte man den nächsten Zug. Der Bahnhof war aber schon brechend voll. Weinende Kinder, alte Menschen, die verloren wirkten, wenn man in ihre Gesichter schaute. Einige Leute hatten ihre Haustiere dabei, Hunde, Katzen – herzergreifende Szenen, wo man auch hinsah. Der Zug hatte dann Verspätung, und bevor er eintraf, waren unsere drei Busse schon voll besetzt. Siebzehn Ukrainerinnen und Ukrainer konnten wir mitnehmen. Einige von ihnen setzten wir in Berlin ab. Bei mir im Wagen waren zwei Jungs mit Mutter und Oma, die nach Hamburg wollten. Und ein älteres Ehepaar mit einer Katze. Die Menschen waren völlig kaputt und gleichzeitig erleichtert.

Wenn ich in den Rückspiegel schaute, sah ich jedes Mal in das Gesicht der älteren Dame, dann lächelte sie mir zu. Auf einmal, mitten in der Nacht, die meisten schliefen oder dösten vor sich hin, knallte es hinter mir. Da war die Katze mit Karacho von hinten an meinen Sitz gesprungen. So viele Stunden mit wildfremden Menschen unterwegs zu sein, die einem Krieg entkommen waren, das war schon ein komisches Gefühl. Unsere Kommunikation lief über eine Dolmetscher-App auf dem Handy. Was ich beeindruckend fand, war die Tatsache, dass die Ukrainer kein Geld von uns annehmen wollten, ganz im Gegenteil, der ältere Mann bestand darauf, uns beim Halt an der Tankstelle Getränke auszugeben. Ihn und seine Frau setzten wir unterwegs in Hannover ab, weil dort Verwandte lebten. Ich fragte mich, was wird wohl aus all diesen Menschen? Werden sie jemals wieder in ihre Heimat zurückkehren können?

Ich musste an eine Begegnung wenige Tage zuvor denken, in der Woche zwischen Charlies Anruf und unserer Abfahrt. Ich ging ins Aladin Center auf der Reeperbahn, um mir ein Handyladekabel zu kaufen. Als ich rauskam, sah ich auf der Straße eine Familie stehen, eine Mutter und ihre drei Kinder, mit zwei billigen Plastiktüten, in denen offensichtlich ihr ganzes Hab und Gut verstaut war. Ich sprach die Frau an: „Are you Ukrainians?" Sie nickte nur. Ich gab ihr 20 Euro, da fing sie fast an zu weinen. Ihr Blick sagte: Wir sind fremd, aber wir sind den Leuten hier nicht egal, wir werden gesehen. So habe ich es empfunden. Das bestätigte mich darin, dass es richtig war, nach Polen zu fahren.

Unser Team machte noch weitere Touren nach Polen, um Hilfsgüter hin- und Hilfesuchende zurückzubringen. Leider ohne mich. Denn einen Tag nach unserer Rückkehr war ich positiv. Nun hatte mich Corona doch erwischt, trotz Booster. War keine schöne Erfahrung. Nach einer Woche war ich aber wieder fit. Leider machte Corona auch den Boxkampf zunichte, der ja immer noch geplant war. Aber körperlich wäre ich dazu jetzt nicht mehr in der Lage gewesen. Meine Superfitness, über Monate antrainiert, war dahin. Hat mich ganz schön frustriert. Aber irgendwie, dachte ich, war es vielleicht auch nicht die richtige Zeit, um sich im Ring zu prügeln.

Mit der Hilfsaktion für die Ukraine schloss sich für mich ein Kreis zu meinen Erlebnissen in Kiew im Herbst 2019. Wenn ich daran denke, wie herzlich sich die ukrainischen Soldaten damals um mich kümmerten und wo sie wohl heute sind, muss ich schlucken.

21 | Geschafft, aber keine weiteren Versprechungen

Die gleichen Fehler nicht zu wiederholen, die ich früher immer gemacht habe – das habe ich mir fest vorgenommen. Ob ich das schaffe, wird man sehen. Ob mein Vulkan wieder ausbricht oder ob ich ihn in Zukunft unter Kontrolle halten kann, auch das wird sich zeigen. Ich will nichts mehr versprechen, was ich am Ende nicht halten kann.

Jetzt ist jetzt.

Und morgen kann schon alles ganz anders sein.

Ich muss häufig daran denken, wie viel kostbare Lebenszeit ich in meinen 37 Jahren schon vergeudet habe.

Zeit, die ich nicht für meinen Sohn da war.

Zeit, die ich nicht mit den Menschen verbracht habe, die gestorben sind.

Zeit, die sich nicht mehr nachholen lässt.

Allein dieser Gedanke, da bin ich mir sicher, wird mir helfen, mich auf den Boden zurückzuholen, wenn ich mal wieder am Abheben bin.

Und jetzt mache ich weiter, will meine 365 Tage vollmachen.

ENDE

Danke …

… meinen Mitstreiterinnen und Mitstreitern bei diesem Buch, dafür dass ihr eure berührenden, verrückten, schrägen Geschichten erzählt: Eve, Manu, Lydia, Barbie, Veuve, Michel, Tessi, Jörg, Frank und Dirk. Ohne euch wäre der Kiez nur halb so bunt.
… meinem Verlag Edel Books, dass ihr immer an mich geglaubt habt und dem Kiez und seinen Menschen eine Stimme gebt: Stefan, Constanze, Svetlana, Julia, Melanie, Lena, Lisa und alle anderen.
… meinen beiden Co-Autoren und Agenten, Olaf und Peter, dafür dass ihr so verrückt seid, mit mir zu arbeiten.
… dem Stadtteil, seinen Anwohnern, der Stadtreinigung, der St. Pauli Kirche und den Beamten vom Ordnungsamt für ihre Unterstützung und Hilfe. Ich danke allen Spendern und allen Beteiligten für ihr Engagement, denn ohne euch wäre „Wer wenn nicht wir" nicht möglich: Philip, Natalia, Maria, Mike M., André, Lou, Jamilia, Halbe Lunge, Tuschy, Vinny, Sherley, Marcel H., Svenja, Mike S., Crischi, Robin und unser jüngstes Mitglied Fiona! Danke auch meinen Nachbarn Nina und Claas.
… Angelo und Aylin Aykurt, dafür dass ihr die Familie aufrechterhaltet.
… all meinen Mitarbeiterinnen und Mitarbeitern.
… meiner Familie in den USA – Tom, Tina, Craig, Dan und Jenny – und meiner deutschen Familie und meinen Freunden: Susanna, Katja, Marc, Kolja, Björn und David. Euch allen danke ich dafür, dass ihr mich nicht habt fallen lassen.

Edel Books
Ein Verlag der Edel Verlagsgruppe

Neumühlen 17, 22763 Hamburg
www.edelbooks.com
2. Auflage 2022

Projektkoordination: Svetlana Romantschuk
Lektorat: Julia Stahl
Vermittelt durch: Käfferlein & Köhne GmbH & Co. KG
Umschlagfotos: Michael Philipp Bader
Layout und Satz: Datagrafix GSP GmbH, Berlin | www.datagrafix.com
Umschlaggestaltung: Felix Schlüter, typeholics
Gestaltung der Karte: Felix Schlüter, nach einer Vorlage von mapz.com
Lithografie: Frische Grafik, Hamburg
Druck und Bindung: GGP Media GmbH, Pößneck

Printed in Germany

ISBN 978-3-8419-0790-5